Stationen

Aus Ludwig Emil Grimms Lebenserinnerungen und Briefen

Stationen
Aus Ludwig Emil Grimms Lebenserinnerungen und Briefen

Herausgegeben

von

Egbert Koolman

Verlag Dausien

STATIONEN · AUS LUDWIG EMIL GRIMMS
LEBENSERINNERUNGEN UND BRIEFEN

© 1992 Verlag Werner Dausien, Hanau.
Sämtliche Rechte der Verbreitung, einschließlich
der Wiedergabe durch Film, Funk, Fernsehen,
Fotomechanik und andere technische Mittel —
auch in Form von Auszügen — bei Verlag Dausien.
Grafische Gestaltung Gertrud Tierbs

VERLAG WERNER DAUSIEN · HANAU
ISBN 3-7684-1257-1

Inhalt

Vorwort

„Liebenswert" nannte ihn Wilhelm Präsent. Das scheint mehr auf den Menschen als auf den Künstler gemünzt. Doch tut man dem Künstler unrecht, wenn man das Liebenswerte nur mit dem Harmlosen verbindet, wie es heutzutage allzu oft der Fall ist. Zweifellos ist Ludwig Emil Grimm kein Rebell oder gar ein Außenseiter gewesen. Aber ihm deswegen die Schlafmütze der Harmlosigkeit überziehen, heißt, seine Bedeutung unterschätzen. Daß man seine Gesellschaft überaus schätzte, hat sein Bruder Wilhelm einmal auf die lapidare Formel gebracht: „Über den Maler habe ich mich sehr gefreut, es muß ihm jeder gut sein." Ludwig Emil Grimm war von einer heiteren Bescheidenheit, der gleichwohl hinreißend unterhalten konnte. Wo er auftauchte, flogen ihm die Herzen zu.

Was wunder, daß diese Liebenswürdigkeit auch zum Inbegriff seiner künstlerischen Arbeiten wurde, von denen Richard Benz behauptete, sie drängten ins „Kleinmeisterliche". Wenn auch Ludwig Emil Grimm Brentanos Zeichnungen für das Wunderhorn und für die Einsiedlerzeitung in Nachstichen übertrug und die Märchen seiner Brüder illustrierte, so ging er doch nicht in der romantischen Kunst auf. Selbst die Italienreise, die er 1816 mit Brentanos Bruder Georg unternahm, beeinflußte ihn kaum. Das zeigt eine unbeirrbare Selbständigkeit. Der Umgang mit Brentano, der ihn mit Savigny förderte, so daß er an der Kunstakademie in München studieren konnte, machte ihn keineswegs zum künstlerischen Bundesgenossen der Heidelberger Romantiker. Er sah die Natur und die Menschen mit realistischen Augen an und bemühte sich um das Charakteristische; vor der romantischen Erweiterung des Blicks scheute er zurück, sicherlich nicht deswegen, weil ihm die Phantasie gefehlt hätte. Er suchte, die Dinge nicht zu verändern, sondern ließ sie in ihrer Eigenart.

Goethe schätzte sein handwerkliches Können, was durchaus nicht als Einschränkung zu verstehen ist.

Ludwig Emil Grimm war kein Künstler der Selbstdarstellung. Er scherte sich nicht um Ruhm und Anerkennung, zeichnete, malte und waltete mit ebensoviel Geduld wie mit freudigem Eifer seines Amtes als Professor an der Akademie zu Cassel. Im Grunde seines Herzens war er ein Familienmensch, ohne jedoch seine politische Wachheit dem Privaten zu opfern. Seinen paar Karikaturen eigen ist ein satirischer Witz der keineswegs den Beifall der Krähwinkler erhoffte. Auch besaß er ein untrügliches Gespür für das Komische. So vergleicht er in der Beschreibung seiner Italienreise das Kolosseum mit einem alten Riesen, „dem die Zähne ausgefallen sind". Der Überschwang in Rom befremdete ihn. Statt des Effektes und der Sonderbarkeit interessierte ihn ausschließlich die Welt, wie er sie sah: nüchtern und doch auch mit einem sicheren Sinn für das Schöne ohne jede Pose.

Ein schönes Dokument dieser Weltsicht sind seine Erinnerungen, die Adolf Stoll 1911 zum ersten Mal der Öffentlichkeit vorlegte. Ludwig Emil Grimm hat sie nie als Buch geplant, sondern seinen Brüdern Jakob und Wilhelm, denen er zeitlebens aufs freundlichste verbunden war, mit der Bemerkung überlassen: „Sie können es auch zerreißen, wenn sie wollen." Diese Erinnerungen zählen zu den schönsten Autobiographien, die die deutsche Literatur kennt. Sie sagen auch viel über den Künstler Ludwig Emil Grimm aus, der ganz aus der Erfahrung seiner Heimat lebte, ohne sich im Provinziellen zu verlieren. Er war ein behutsamer Beobachter, der es verstand, den herben Reiz der hessischen Landschaften und der von ihr geprägten Menschen festzuhalten. Es empfiehlt sich, seine Bilder und Radierungen in Verbindung mit seinen Erinnerungen zu sehen. So verweben sich Geschichten, Erlebnisse und Gedanken mit ihnen, die mehr als nur chronistisch zu verstehen sind. Sie erhalten uns die Vergangenheit Hessens in der schönsten Form — als Ausdruck eines aufgeschlossenen, dem glücklichen Augenblick treuen Künstlers, der bescheiden genug war, ein Realist zu sein.

Herbert Heckmann

Lebensdaten

1790, am 14. März Geburt in Hanau, Lange Gasse 41, als jüngster Sohn des Stadtsekretärs Philipp Wilhelm Grimm und seiner Frau Dorothea, geb. Zimmer, aus Kassel

1791 Umzug der Familie nach Steinau, dem Geburtsort des Vaters, wohin dieser als Amtmann der Ämter Steinau und Schlüchtern versetzt war

1796, 10. Januar, Tod des Vaters

1798 Die beiden ältesten Brüder Jacob und Wilhelm Grimm gehen nach Kassel zum Besuch des Lyceums. Ludwig Emil bleibt einstweilen bei der Mutter in Steinau mit den Brüdern Carl und Ferdinand sowie der in Steinau geborenen Schwester Charlotte Amalie (Lotte)

1803–05 Besuch des Lyceums (Gymnasiums) in Kassel

1804–08 Zeichenunterricht bei Johann Gottlieb Kobold an der Kasseler Kunstakademie

1808, 27. Mai, Tod der Mutter. Aufenthalt in Heidelberg bei Achim v. Arnim und Clemens Brentano, dann in Landshut bei Friedrich Carl v. Savigny

1809–13 Akademiestudium in München bei Carl Ernst Christoph Heß

1814 Teilnahme am Feldzug gegen Frankreich als kurhessischer Landwehrleutnant

1815 Studien in Kassel und München

1816 Studienreise nach Italien (Neapel)

1817–32 Freier Künstler in Kassel

Mehrere, teils mehrwöchige Studienreisen nach Westfalen (Hinnenburg, Bökendorf, Kemperfeld, Herstelle, Münster), nach Niedersachsen (Göttingen, Hannover, Celle), nach Südhessen (Frankfurt, Hanau, Birstein, Steinau) sowie im Nordhessischen Bergland

1828 Teilnahme am Dürerfest der deutschen Künstler in Nürnberg mit dem eng befreundeten Kasseler Bildhauer und Erzgießer Werner Henschel

1832, 20. Mai, Hochzeit mit der langjährigen Verlobten Marie Böttner, Tochter des Kasseler Hofmalers Wilhelm B.

1833, 23. Juni, Geburt der Tochter Friederike, die später in die Familie v. Eschwege einheiraten und die Stamm-Mutter der in weiblicher Linie noch lebenden Nachkommen L.E. Grimms werden sollte

1836, 27. März, Geburt des Sohnes Jacob, der am 29. April starb

1842, 15. August, Tod von Marie Grimm, geb. Böttner

1845, 14. April, Hochzeit mit Friederike Ernst, Tochter des Kasseler Generalsuperintendenten. Die Ehe blieb kinderlos.

1863, 4. April, Tod in Kassel, Bellevue 10 (Lungenentzündung)

Personenbeschreibung

Aus dem Reisepaß für den Kurfürstlich Hessischen Leutnant Ludwig Emil Grimm, ausgestellt vom Königlich Bayerischen Polizei-Direktor v. Steffen in München am 30. Mai 1816 (Kassel, Brüder Grimm-Museum, Gr.Slg. Autogr. 274.)

Alter: 24 Jahr
Größe: (Keine Eintragung)
Haar: dunkelbraun
Stirne: mitter (!)
Augenbraunen (!): braun
Augen: grau
Nase: porport(ioniert)
Mund: desgl(eichen)
Bart: braun
Kinn: oval
Angesicht: oval
Gesichtsfarbe: gesund
Besondere Kennzeichen: (Keine Eintragung)

Erinnerungen aus
meinen frühsten Kinderjahren
(1790-1802)

Ich, Ludwig Emil Grimm, bin in Hanau geboren, [am] 14. März 1790, war aber kaum ein Jahr alt, da kam der Vater als Justizamtmann nach Steinau a.d. Straße. Ich entsinne mich noch, das ist aber auch das früheste, was ich noch weiß, daß mich das Mädchen[1] auf dem Arm trug und mit Vater, Mutter, Tante[2] und den Geschwistern[3] am Tor wartete. Da kam eine Kutsche, und alles ging ins Amthaus mit den Angekommenen zurück. Es waren unser lieben Mutter Eltern[4] zu Besuch von Hanau gekommen.

Den 10. März 1793 wurde unsere liebe Schwester geboren. Sie wurde in der sogenannten Gartenstube getauft, ein Neubau des Amthauses neben dem Hausgarten. Alles war im Zimmer versammelt, auch die Familie Denhard. Des Vaters Schwester hielt sie zur Taufe, und [sie] wurde Lotte Amalie genannt. Wir Kinder standen alle herum und hatten wie die andern die Hände gefaltet. Der Herr Pfarr Bauscher taufte sie, die Sonne schien ins Zimmer. Der Herr Pfarr hatte ein dickes rotes Gesicht. Gegen mir über stand unser alter Kutscher, die knochigen Hände gefaltet. Er hatte einen blau oder grauen Rock mit gelbem Kragen an, lederne Hosen und hohe faltige Stiefel. Das ist alles, was ich davon noch weiß. Der Kutscher hieß Müller und ist nach des Vaters Tod in Dienste beim Kronenwirt Baist gekommen.

Das Amthaus ist von Stein und alt, hat eine hohe Treppe, wovor zwei Linden stehn, ein runder Turm, worin eine Wendeltreppe, die in die Amtsgerichtsstuben und obern Stock führt. Das Haus

---

1 Margarete Amend oder Anna Margarete (Marie) Nagel.
2 Juliane Schlemmer.
3 Jacob, Wilhelm, Carl, Ferdinand (und Friedrich?) Grimm.
4 Johann Hermann Zimmer und Anna Elisabeth Zimmer, geb. Boppo.

ist groß und geräumig, hat einen großen eingeschloßnen Hof mit Scheune, Pferde- und Kuhställe usw., Holzschuppen, Remisen und alles andere, was zum Landbau gehört.

Ich entsinne mich meines lieben seligen Vaters noch sehr gut. Seine Größe kann ich nicht beurteilen, weil Kinder keinen Maßstab haben, aber die Mutter sagte, er sei nicht sehr groß gewesen, ungefähr so groß wie der Bruder Carl. Das Bild, was wir von ihm haben, ist sprechend ähnlich. Er hatte ein ernstes Gesicht, soll aber gegen jedermann sehr freundlich gewesen sein. Wenn er nach Schlüchtern zum Amt ritt, was zu Steinau gehörte, hatte er als seine Uniform an, blauen Frack, zwei goldene Epauletten, rotsamtnen Kragen usw., lederne Beinkleider und Stiefel mit silbernen Sporen. Er nahm fast jedesmal eins von uns Kindern vorn aufs Pferd, und der Kutscher Müller eins, der ihn jedesmal begleitete, und ließ uns eine Strecke mitreiten. Einen grünen Rock hatte er an, wenn er mit dem Oberförster Müller, der ein lieber Hausfreund vom Vater war, auf die Jagd ging.

Wenn die kleine Lotte vom Mädchen im Hof herumgetragen wurde, ging sie ans Haus und rief: „Papa"! Da warf ihr der Vater von oben ein Biskuit herunter. Wir wilden Jungen hatten das Schwesterchen so lieb, daß sie als weinte und sich nicht zu retten wußte, wenn jeder sie küssen wollte. Der Carl und ich waren die wildesten und hatten immer unser Wesen mit einem welschen Hahn, den wir ärgerten, bis er endlich einmal dem Carl auf den Kopf flog und ihn verwundete. Wir waren viel im Pferdestall und spielten da mit den Seidenhasen und Kaninchen, und dann mußte uns der alte Kutscher aufs Pferd setzen.

Im Wohnzimmer wurde gewöhnlich gegessen, und ich weiß noch genau die Plätze, wo wir alle saßen. An der Wand hingen die Familienbilder. Der Herr Oberförster Müller war zu Gast da. Es wurde jedesmal vor und nach dem Essen gebetet, und wir Kinder mußten laut beten. Der alte Kutscher Müller trug die Speisen auf. Der Vater legte vor. Es kam als Besuch von auswärts und aus der Stadt, ich kenne aber niemand mehr davon.

Sonntags ging der Vater mit der Mutter in die Kirche und nahmen den Jacob und Wilhelm mit. Auch entsinne ich mich noch, da sind wahrscheinlich auswärtige Verwandte dagewesen, da wurde in einem großen Saal mit Stuckarbeit an den Wänden ge-

Die Mutter
Dorothea
Grimm.
Bleistift.
1808

gessen. Die Stühle waren mit blauem Seidenzeug, worin weiße
Blumen waren, überzogen. Es war eine große Tafel, und beim
Dessert wurde von einem grünlichen Kräuterkäse abgerieben,
und den speisten die Leute auf Butterbrot. Der Kutscher hatte
seine Livree an.

Im Winter fuhren wir einmal im Schlitten – auf dem Schlitten
war vorne ein aufrechtstehender vergoldeter Löwe, und eine
Halbkutsche wurde im Winter auf dem Schlitten festgemacht –
nach Salmünster, der Vater, Mutter, Carl, Ferdinand und ich. Der
Vater hatte einen großen grünen Mantel, mit Pelz gefüttert, wo
wir neben ihm eingewickelt saßen; die Mutter hatte auch einen
Mantel mit Pelz gefüttert um. Wir fuhren dort in einen um-

mauerten Hof ein, und ein Herr und eine Frau kamen uns aus dem Haus entgegen. Weiter weiß ich nichts mehr.

Als der Vater sehr krank war, waren wir Kinder bei der Tante auf ihrer Stube. Die Tante weinte. Als er tot war, wurden wir 3 jüngsten zu der Familie Rose auf den Hundsrück gebracht, die mit uns befreundet war, 1/2 Stunde von der Stadt auf einem Landgut. Die Bürger trugen den lieben Vater zu Grabe, neben seinem Vater ist er begraben. Die Mutter zog nun an den Steinweg ins Wagners Haus. Wir gingen zum Präceptor Zinckhan in die Schule, wo wir lesen und nach seinen Vorschriften schreiben lernten. Die Lotte wurde von der Mutter unterrichtet.

Nach Tisch gingen wir mit der Mutter in den Biengarten. Außerdem hatten wir den Emmerich[5], der war von der Kinzig eingeschlossen, noch zwei Hausgärten und einen Garten nicht weit vom Pfingstborn (Brunnen). Die andern gaben wir ab, oder wurden verkauft, und behielten nur den Biengarten, ein sehr großer Garten. Es war eine rotangestrichene Türe und ein Fahrtor daran. In der Mitte war eine große, dichte lebendige Laube, in der Mitte ein steinerner Tisch, ringsum große Bänke. Vor der Hütte war wieder eine Bank, und die Äste bildeten wieder eine Laube darüber. Vor der Hütte hatte die liebe Mutter gewöhnlich ihren Sitz. Da konnte sie den Garten und uns Kinder übersehn. Dieser liebe Biengarten war meist der Tummelplatz unserer Kindheit, und ich sehe noch in Gedanken das liebe kleine Lottchen in weißem Kleid und rosenrotem breiten Band im großen Gras herumgehn und Blumen abpflücken.

Unser ganzer Hausbedarf wurde im Garten gezogen, und 2 Kühe hatten Sommer und Winter Futter daraus. Abends, wenn wir nach Haus gingen, hatte uns unsere treue Marie Pfannekuchen gebacken, oder wir hatten im Garten saure Milch gegessen, die uns die Marie brachte.

Die gute Mutter war meist traurig, sie saß auch oft stundenlang auf der Bank und strickte oder hatte ein Buch, worin sie las. So gegen Abend machte sie einen Spaziergang durch den Garten, wobei wir sie alle begleiteten, und da hatte sie besondere Freude an dem großen schönen, blau blühenden Flachsland, und sie sprach so sanft und erzählte uns allerlei und hatte die Lotte an der Hand.

Carl und ich waren entsetzlich wild und mutwillig, und sie ermahnte uns jüngere, wir sollten fleißiger sein und lernen. Zu Haus war sie dann so sorgsam; wir saßen und schrieben und lernten, und sie saß mit der Lotte und stopfte Strümpfe, und die Lotte lernte Handarbeiten, und abends spann die Mutter und Lotte Flachs und die Marie Werg.

Der Jacob und Wilhelm waren am fleißigsten und der Jacob der Liebling der alten Tante, wo er meist immer war. Sie war kränklich, sah aber gut aus. Sie hatte ein sehr ernstes, gescheutes Gesicht, war in allem sehr erfahren, schon lange Witwe. Sie starb bald, ich glaube 1798 oder 1799. Alle Leute sprachen mit hoher Achtung von ihr. Sie war sehr streng in ihrem Wesen, und wir jüngeren waren in Furcht und in der Flucht vor ihr.

Jacob und Wilhelm konnten in Steinau nichts mehr lernen, und Jacob soll selbst gesagt haben: „Ich kann hier nichts lernen", geweint und vor Ärger in der Stube herumgekrochen sein. Bald darauf kamen beide aufs Lyzeum nach Kassel. Wir gingen noch zum Zinckhan. An ein ernstliches Lernen wurde aber nicht gedacht, meist Mutwille getrieben. Er gab uns Unterricht in der Violine, Klavier, Rechnen, Schreiben, Religion und Latein. Wir bekamen oft Schläge, ich beinahe alle Tage. Er hatte Stöcke und kurze lederne Peitschen, denen er Namen gegeben hatte, und nachdem die Strafe war, nachdem wurde der Stock gewählt. Ich wüßte niemand, vor dem ich im Leben mehr in Furcht gewesen wäre, wie vor diesem Präceptor Zinckhan. Er war wohl 60 Jahre alt. Soviel ich mich seiner noch erinnere, will ich ihn beschreiben: Nicht sehr groß, breitschulterig, markierten und gescheuten Kopf. Trug in der Kirche und wenn er ausging eine Perücke, die unten dicke, gemachte Locken hatte, aber nicht gepudert. Im Winter einen schwarzen, im Sommer einen hellblauen oder violetten Sommerzeugrock mit breiten Schößen und großen Taschen und großen Knöpfen. An jedem Rock war aber am Kragen, wo die Locken der Perücke hingen, das Zeug so abgeschabt und hatte ganz die Grundfarbe verloren. Besonders hatte der violette Rock sehr die Farbe durchs Wetter verloren, und wir

5 Hemmerich. Herrschaftlicher Garten in Steinau zwischen Stadtmauer und Kinzig.

Der Steinauer Präceptor Zinkhan. Federzeichnung, Tusche

konnten das Alter der Röcke gar nicht berechnen. Dabei trug er einen altmodigen dreieckigen Hut, schwarze oder violette wollene Strümpfe und Schuhe mit großen Schnallen, endlich ein großes, altes Spanisches Rohr.

Schien die Sonne heiß, so nahm er vor dem Tor oder im Feld ein Hölzchen aus der Tasche, was die Größe vom inwendigen Hut hatte, schraubte es auf den Stock und steckte den Hut darauf. Das brauchte er als Sonnenschirm. Von uns, die wir zu ihm in die Lateinische Schule gingen und die er als begnadigte, mit sich in einen von seinen Gärten oder auf einen weiter Spaziergang im Langen oder Bellinger Berg mitzunehmen, wagte niemand mehr, über seinen Sonnenschirm zu lachen; denn wir hatten darüber schon Hiebe und Rippenstöße in Menge bekommen, und die Erlaubnis, ihn irgendwohin begleiten zu dürfen, betrachteten wir als eine Strafe, und wenn wir es ahnen konnten, daß er bald wieder so ein Vergnügen vorhatte, betrachteten wir es immer als ein großes Glück, wenn Regenwetter eintrat.

Sommer und Winter mußten wir uns bei ihm versammeln, morgens vor der Kirche, und wenn es das 2. mal geläutet hatte, marschierte er voran, und wir mußten folgen, und ein viel älterer Schüler, G. Gottschalk (jetzt Amtschirurg in Steinau), mußte ihm ein gewärmtes Brettchen nachtragen, worauf er beim Orgelspielen saß. Wir froren als entsetzlich in den 2 langen Stunden und waren immer leicht angezogen. Selten sangen wir ordentlich mit. Nicht selten, wenn er bemerkte, daß wir Jungen lachten, ließ er unbemerkt den Gottschalk die Orgel weiterspielen, kam von der andern Seite hinter uns und frug jeden, an welchem Vers jetzt gesungen wurde, und wenn er sah, daß wir nicht wußten, mußten wir alle 8 jeder einzeln hinter die Orgel kommen und bekamen Schläge.

Ein ziemlich alter steifer Kerl, der in die Kirche läuten mußte und den wir nur den Läuthannes nannten, mußte auch die Bälge zur Orgel ziehen. An einem Auge sah er gar nicht, am andern sehr wenig. Es war nur sehr komisch anzusehn, wenn er nach den Seilen tappte, um sie aufzuziehen, und wohl 5-6mal vergebens griff. Wir schleuderten oft die Seile herum, und er tappte nun in der Luft herum, unwillig brummend, daß manchmal die Luft der Orgel ausging und die Töne steckenblieben. Einigemal warf der

Carl ein Seil auf die Orgel, und er konnte es gar nicht bekommen, und um das zu bekommen, hatte er vergessen, die andere Bälg aufzuziehen, und die Orgel gab auf einmal gar keinen Ton von sich, und die Gemeinde sang noch eine Minute ohne Orgelton. Zinckhan kam mit einem roten Kopf hinter die Orgel gestürzt und war wütend, wir alle in der größten Angst, stellte sich auf einen Stuhl und holte das Seil wieder herunter und sagte zu uns: „Nach der Kirche kommt ihr all in die Schulstube". Wir waren in einer Höllenangst. Wie wir uns nun versammelt hatten, fragte er jeden einzelnen: „Hast du das Seil auf die Orgel geworfen?" aber jeder sagte: „Nein". Da bekam jeder ein Tracht Schläge.

Im Winter gingen die Bürgerjungens von 8 bis 11 in die Schule und von 11 bis 12 wir, und mittags von 1 bis 3 und wir von 3 bis 4. In der großen Schulstube hatte er in der Türe oben ein Loch machen lassen, ein Blech darauf und in das Blech in kleines Löchelchen gebohrt. Nun schlich er langsam die Treppe herauf, konnte durch das kleine Löchelchen alle Schüler übersehn, blieb da eine Zeitlang stehn und beobachtete die Mutwilligsten, kam dann herein, ergriff seinen Stock. Ohne ein Wort zu sagen, bekamen die Ertappten tüchtige Schläge, und wie er wieder auf dem Pult stand, sagte er nur: „Wißt ihr warum?" und wenn die nicht augenblicklich „Ja" riefen, bekamen sie noch einmal Schläge. Jeder Bürgerjunge bracht anstatt Geld ein Scheit Holz mit. Das wurde in der Schulstube in einer Ecke aufgehäuft, und nach der Schule mußten einige das Holz auf den Hof tragen und in Ordnung legen.

Er liebte eine Art militairische Ordnung. So mußten die Jungen, wenn die Schule aus war, 2 und 2 hintereinander abmarschieren, und das gab jedesmal die Treppe hinunter ein fürchterliches Getöse, und ging ans Fenster und sah solange nach, bis keiner mehr auf dem Kirchplatz war. Hatte einer etwas begangen, wurde er gleich wieder gerufen und es wurde ihm noch eine Tracht Schläge mit nach Haus gegeben.

In unserer lateinischen Stunde führten wir unsere Streiche feiner aus, und er gab besser acht. In die Stunde gingen außer uns 3 noch 1. Wilhelm Denhardt, Sohn des Zollerhebers; 2. Adolph Bode (jetzt Amtmann in Neustadt), Sohn des Rentmeisters;

3. F. Möller, Sohn des Stadtschreibers, jetzt Goldarbeiter in Gelnhausen; 4. Jacob Pauli, jetzt Pfarr in Nauheim, Sohn des Stadtrentmeisters; 5. Andreas Hufnagel, Sohn des Ochsenwirts, jetzt auch Wirt, und 6. Johannes Menge, Sohn des Schweinehirten, jetzt Professor der Mineralogie. Alle waren es gute Jungen, keiner hatte den andern verraten. Johannes Menge lernte am besten, er und Carl waren meist die obersten.

Nachdem wir ein Weilchen versammelt waren, ging die Türe auf, und er kam, blickte jeden an, ob vielleicht einer lachte oder er sonst etwas bemerkte. War das nicht der Fall, so ging er an seinen Pult. Über dem Pult war oben in der Wand ein Faden befestigt. Daran hing der Brill. Den setzte er auf (und wenn er vom Pult ging, bampelte der Brill in der Luft), rauchte große Dämpfe aus seiner Pfeife. Wir standen in Front aufgestellt, und er sagte: „Habt ihr alle eure Grammatik?" (Langens Grammatik)[6]. Hatte sie einer nicht, so bekam er eine Tracht Schläge und mußte sie zu Haus holen, wobei er ihm gewöhnlich noch nachrief: „In 2 Minuten mußt du wieder hier sein."

Nun wurde der Carl gefragt: „Was ist eine lateinische Grammatik?", welcher antwortete: „Eine lateinische Grammatik ist eine Anweisung zur lateinischen Sprache, die da lehret, wie man dieselbe recht schreiben, verstehen und reden soll." Nun wurde der andere gefragt: „Was ist eine griechische Grammatik?", der 3.: „Was ist eine hebräische, eine ungarische usw.", wo dann jeder das nämliche sagte wie bei der lateinischen Grammatik. Diese Aufgabe kam jeden Tag vor, und wir hatten sie sehr gern, weil es jeder auswendig wußte. Nun kamen die Konjugationen; das ging auch so ziemlich, weil wir sehr wenig 3 bis 4 Wochen lang aufbekamen; zuletzt die Wörter, höchstens 4 bis 5; aber höchst selten konnte sie einer alle. Da sagte er: „Setzt euch hin und lernt sie besser!" Er nahm nun eine andere Arbeit vor, zog eine neue Saite auf eine alte Violine oder arbeitete an einer alten Lampe, wo er aus Pinsen Dochte gemacht und allerlei daran erfunden oder verbessert hatte. Richtete einer von uns eine Frage an ihn über den Gegenstand, woran er schnitzte oder feilte, so sagte er kurz:

6 Joachim Lange, Verbesserte und erleichterte Grammatica. Halle: Waisenhaus-Buchdruckerei. Zahlreiche Auflagen im 18. und 19. Jahrhundert.

„Halt's Maul" oder „Wart, ich will dir lernen helfen!" Hörte er darauf kikern, so gab's auch richtig Schläge.

Von unten hörte man seine Frau rufen: „Was sollen wir kochen?" Da ging er zur Türe und rief sehr kräftig: „Koch' Klöß', Frau!" Nach einer 1/2 Stunde ging er wieder an den Pult, setzte den Brill auf die Nase und rief: „Könnt ihr eure Wörter?" – „Ja!" rief ein jeder, worauf er ironisch sagte: „Wir werens gleich hören!" Nun wurde ein jeder die 5 Wörter gefragt, aber höchstens konnte nur jeder 2 oder 3, mancher nur das erste; er schwieg aber still und rief: „Bete, wer muß?", worauf der, an dem die Reihe war: „Pater noster, qui es usw." Wie er fertig war, sagte er: „Ihr bleibt alle hier und lernt eure Wörter, und wenn ich in einer Stunde heraufkomme und ihr könnt sie noch nicht, bleibt ihr hier, bis die Sterne am Himmel stehn!" Nun wies er uns die Plätze an. Da sagte er: „Du hinter den Ofen, du vor den Ofen, du in die Ecke, du in die andere, du auf die Bodentreppe, du da hinten auf dem Gang neben den Mehlkasten!" Dann ging er auf den mehrmaligen Zuruf seiner Frau: „Die Klöß' sind gar" und seine Pfeife die Asche ausschüttend, die Treppe langsam hinunter. Wir waren aber mausstill, weil wir glaubten, er stehe noch, um zu hören, ob wir Spektakel machten, bis wir uns überzeugt hatten, daß er am Tisch saß. Da kamen die 2 herein, und das Lärmen fing an. Es wurde sich mit Mützen geworfen und gebalgt, bis dann eine Bank umfiel oder sonst ein Lärmen entstand. Da machte sich jeder schnell an seinen Platz. Einer setzte sich so, daß er gerade das Blech von der Türe vor sich hatte. War das kleine Löchelchen hell, so war's gut, aber dunkel, so wußten wir, wieviel Uhr es geschlagen hatte, und nahmen uns in acht.

In diesen Schulstunden hatte er ein Camisol an, dunkle Farbe mit rotlichen Streifen, ziemlich abgetragen, aber keine Flecken darin und auch nicht geflickt. In einer Nebentasche steckte eine Schnupftabaksdose, die er, wenn er eine Prise nahm, ein paarmal mit der rechten Hand leise darauf herumstrich. Sie war ganz abgeschliffen. Ich habe aber immer nur dieselbe Dose bei ihm gesehn. Ein paar abgeschliffene, schwarze kurze Beinkleider. Das Zeug hatte einen Glanz, als wenn es aus schwarzen Pferdehaaren gearbeitet wäre. Graue Stürmpfe, die mit der Schnalle an den Beinkleidern befestigt waren, und Schlappen, die er sich aus ein

Die Brüder Jakob und Wilhelm im Biengarten auf einer Bank sitzend, im
Hintergrund Steinau a. d. Straße. Federzeichnung, Tusche

Paar alten Schuhen zurechtgemacht hatte. Ich habe ihm nie Stiefel angesehn. Endlich auf dem Kopf – er hatte eine Glatze, und
die Haare waren wie Kimmel und Salz – eine graue, gewirkte
wollene Mütze. Im Knopfloch der Hosentasche steckte eine Art
Kantschu, den er gleich bei der Hand hatte und auf die Knie und
Beine hieb.
Ich weiß nicht, daß er je krank war. Er lebte sehr regelmäßig und
ordentlich, und in allen Teilen seines Hauswesens herrschte die
größte Ordnung. Hatte er oder eins von seiner Familie Durst, so
tranken sie aus einem Steingutkrug, der immer an seinem bestimmten Ort am Fenster stand. Er hatte einen Korkstopfen an
einem Kettchen daran befestigt, und ich wollte niemand raten,

den Stopfen nicht wieder auf den Krug zu machen, wenn er daraus getrunken hatte. Wir Jungens hatten nie daraus getrunken. Wir liefen, wenn wir Durst hatten, in den Schloßhof und tranken aus dem Brunnenrohr. Das Menge mußte gewöhnlich frisch Wasser am Brunnen holen.

In seiner Wohnstube zu gleicher Erde stand stets alles in derselben Ordnung. Er saß in einem Sorgenstuhl, woran die Lehnen ganz abgegriffen waren. Der Sitz war ein altes Leder. Alles übrige waren hölzerne Stühle, wie sie dort die Bürger und Bauern haben. Er hatte eine Tochter von seiner ersten Frau, die Eva Elisabeth hieß, wurde aber immer nur Ewelis gerufen, und von der jetzigen Frau 2 Buben. Einer hieß Heinrich, der andere Wilhelm. Die waren aber noch klein. Das Lischen oder Ewelis hatte die Stunden mit uns und bekam ebensogut seine Schläge.

Eine Wanduhr hing im Zimmer, die er regelmäßig aufzog um 12 Uhr, und ein großes, mit Farbe und Blumen darauf gemaltes Bett mit dunkelgrünen Vorhängen, die mit gelben Band eingefaßt waren. Im Winter: Auf dem Ofen stand auf einem spitzen Stock eine von Kartenpapier ausgeschnittene Schlange, worauf ein hölzernes Männchen in einer unpassenden Stellung saß, das sich mit der Schlange herumdrehte und die uns schon manche Tracht Schläge zugezogen hatte. Waren wir durch Zufall einmal allein, so wurde mit Tonkugeln oder sonst was danach geworfen.

Waren wir früher da, so mußten wir während dem Essen auf den Bänken lernen, aber alle aufsteigen, wenn vor und nach dem Essen gebetet wurde, nur er allein blieb in seinem hölzernen Sorgenstuhl sitzen und hatte die Mütze in den gefalteten Händen. Nun dampfte die Kartoffelsuppe oder Sauerkraut, am meisten aber die Klöße, selten Fleisch. Kein Kind wagte zu sagen: „Ich will nichts" oder „das schmeckt mir nicht" oder „ich will noch was haben". Wenn die geringste Unordnung vorfiel, gab es Rippenstöße. Er nahm immer sein sehr abgeschliffenes, aber scharfes Taschenmesser und schnitt Brot und Fleisch vor. Das jüngste Kind saß dabei in einem Kinderstühlchen mit hohen Beinen und mußte oft natürlicher Ursache halber weggetragen werden.

Das Essen war sehr schnell beendigt. Nun fing unsere Stunde an, und wenn wir nichts konnten, mußten wir hinaus und lernen.

Jeder Arme, der kam und bettelte, dem schnitt er ein Stück Brot ab oder gab ihm Geld, aber nie mehr als ein Heller. War ihm etwa der Heller nicht genug, mußte er ihn wiedergeben und wurde ohne weiteres weggeschickt. War er mitten in der Stunde und er bekam die Zeitung (Hanauer)[7], die er gewöhnlich ein paar Tage später bekam, weil so viele Mitleser dabei waren, sagte er gleich: „Setzt euch hin und lernt!" Merkte er das geringste Geräusch, so tat er, als wenn er fortlese, gab aber auf uns acht, bis er den oder die Schuldigen hatte. Nun gab's erst Schläge, dann wurde er auf die Schulstube geschickt.

Unten stand noch ein kleines Clavier, was aber nie aufgemacht wurde und voller alter Noten lag. Er hatte sich viele Instrumente gesammelt, aber in die alte Rumpelkammer durfte niemand. Ich weiß nur, er hatte darin mehrere Violinen, Bratschen, Baß, Posaunen, Flöte, Clarinette, Pauken, ja sogar eine Trommel und Gott weiß was noch all, auch Gewehre und dergleichen. Wir fingen oft an, davon so hinten herum zu sprechen, aber mit dem „Halt eure Mäuler!" war immer die Sache abgeschnitten.

Er hatte 3 Gärten, Wiesen und Äcker. Wenn er Arbeitsleute hatte, so ging er mit dem Perspectiv auf den Boden, um zu sehn, ob die Leute fleißig wären. Wehe denen, die er liegend und ausruhend erblickt hatte! Sein Auge war sehr scharf und richtig. Mit seinem Blasrohr habe ich gesehn, daß er eine Elster, die auf einem Kirschenbaum an der Kirche dem Schulfenster gegenüber saß, so an den Kopf getroffen hatte, daß sie augenblicklich tot war. An den Sperlingen waren die Knochen entzwei am Kopf. Im Herbst, wo sich die Schwalben zum Weggehn sammeln und auf der Kirchturmspitze das Kreuz voll saß, schoß er mit dem Rohr und einer Tonkugel 2 herunter. Wenn ihm eine Stechfliege an der Wade saß, so traf er sie meist mit dem Stock. Bei alledem gehn aber doch in Steinau einige herum, die durch sein Prügeln ein Aug verloren haben. Es möchte wohl niemand in Steinau sein, der bei ihm in die Schule gegangen ist, der nicht seine Schläge oder wenigstens Rippenstöße bekommen hätte. Er hatte eine Löwenstimme, wenn er in der Kirche oder bei andern Gelegenheiten

7 Hanauer Neue Europäische Zeitung oder Hanauer Privilegierte Wochen-Nachricht.

Eichenbaum,
Kreidezeichnung.
1811

vorsang, freilich etwas durch die Nase, da er den Brill darauf fest-
stecken mußte, um nicht abzufallen.

Wenn eine Kindtaufe bei ihm oder in der Kirche war, oder die
Ernte war gut ausgefallen, oder er hatte ein Kalb vorteilhaft verkauft u. d.g., dann geschah es wohl, daß er mit uns einen Spaß
machte, und da war er auch außerordentlich nachsichtig. Wenn
da die Wörter aufgesagt wurden und wir konnten wie gewöhnlich nichts, so frug er: „Domus, was heißt das Haus?" Ein jeder
schrie nun: „Domus!" „Halt eure Mäuler. Ich will jeden einzelnen fragen. Du, Pauli, Viola – was heißt die Viole? – Du, Bode,
Pax, was heißt der Friede? usw." So frug er jeden einmal. Dann
sagte er „Pater noster", und wir alle stürzten jubelnd die Treppe
hinunter nach Haus.

Oft verstopften wir das Löchelchen in der Türe, schnitten Ringe in die Stöcke, die dann in 3 bis 4 Stücke sprangen, wenn er damit schlug. Dies geschah aber nur im Winter, damit der Verdacht nicht auf uns kam. Einen schändlichen Mutwillen verübten wir noch. Seine Violine, die immer in der Schulstube hing und die er sehr in Ordnung hielt, da machten wir einzelne Saiten naß. Nun, den Mittwoch oder Sonnabend, wenn wir Singstunde hatten, fand er die Violine verstimmt, fing an zu schrauben, und auf einmal sprang die Saite entzwei. Ein wahrer Jubel für uns Jungen. Wir konnten uns das Lachen kaum einhalten, nahmen uns aber sehr in acht, denn er war schon ärgerlich und hatte einen roten Kopf. Er ist niemals dahinter gekommen, was die Ursache des Saitenspringens war. Auch verstopften wir die Schlüssellöcher an der Boden- und andern Türen.

Im Winter nach der Stunde warfen wir uns auf dem Platz vor dem Rathaus (der Kumpe genannt) mit Schneeballen und halfen gern in die Kirche und Schule läuten. Das Seil an der Schulglocke wurde dann gewöhnlich so stark gezogen, daß einigemal der Klüppel aus der Glocke herausging und auf den Kirchenplatz flog.

Wenn unser Tyrann gravitätisch durch die Stadt ging, so waren alle Jungen verschwunden. Er ging nicht schnell und trat immer mit gleichem Fuß auf, so daß seine Schuhe immer überall dünn und abgetragen waren. Dann wurden sie durch und durch wieder gesohlt. Die Schuhe wurden nicht gewichst, hatten die Lederfarbe, waren aber immer rein. In die dicken Sohlen und Absätze schlug er sich selbst Nägel. Die Absätze durften aber nicht dicker wie die Sohle sein. Beide waren sehr breit und die Schuhe übrig weit und bequem. Sie standen immer an einem bestimmten Ort, wo er sie bei Tag und Nacht finden konnte.

Beim Heumachen hatten wir auch gute Tage. Da waren die Stunden sehr kurz oder gar keine. Auf der Wiese hing er die Perücke auf seinen Stock oder auf die Hecke, den Rock dabei. Nun half er das Heu fleißig umwenden, und die Arbeiter mußten auch schwitzen.

Im Sommer kam er ins Haus, der Lotte Unterricht zu geben. Wir mußten dann danebensitzen und lernen. Die Lotte stand neben ihm, bekam ein Hölzchen in die Hand, worin eine Stecknadel befestigt war. Mit dem Stecknadelkopf mußte sie auf die Buchstaben deuten und ihm die Buchstaben nachsprechen, dann buchstabieren. Die Mutter saß auf dem Kanapee und strickte. Da war seine Stimme, die in der Schule barsch, kurz und stark war, weich, langsam und melodisch, seine Gesichtszüge ruhig und freundlich, und die dicke Ader an den Schläfen nicht zu sehn.

In den französischen Revolutionszeiten wurde es auch unruhig. Es kamen immerwährende Durchzüge, bald die Franzosen, Östreicher, Holländer, Preußen, Mainzer und Hessen. Da gab es dann immer etwas für uns zu sehn, und wir waren immer am Fenster. Die gute Mutter war in großer Angst und ließ uns nicht in die Schule und Straße. Die Nachzügler von den Regimentern waren meist betrunken, ritten an die Bäckerläden, spießten mit ihren Säbeln das Brot oder bei den Metzgern das Fleisch und ritten schreiend oder galoppieren weiter. Die östreichischen gefürchteten Rotmäntel verkauften gestohlene und geplünderte Sachen aller Art, die feinsten Tischzeuge, Silbergeschirr, Bücher, Porzellan, Becher, Vorhänge und tausend andere Sachen. Abends konnten wir aus unseren Fenstern Hunderte von Wachtfeuern auf der Mauerwiese und in unserem Biengarten brennen sehn. Die durchziehenden Soldaten hatten geschlachtete Hühner, Gänse, welsche Hähne, Schinken, Würste, Rindfleisch, Ziegen, Lämmer auf ihren Tornistern hängen, Frauenhalstücher um. An die Pferdeschwänze waren durchlöcherte Laibe Brot geknüpft. Ganze Wagen voll geschlachtete Ochsen, Schweine, Kälber fuhren nach.

Die Soldaten marschierten meist in der größten Unordnung. In jede Nebengasse liefen die Soldaten aus dem Regiment heraus, um etwas zu stehlen. Kein Offizier bekümmerte sich darum. Die Holländer waren am ärgsten, die Franzosen am ordentlichsten. Alle Brunnen waren mit Durststillenden besetzt und alle Wirtshäuser voll Branntweinverlangende, ohne zu bezahlen. Oft gab es Schlägereien mit den Bürgern und den Soldaten unter sich. Eine Frau hatte einen Soldaten, der ihr mit dem Ladstock einen Schlag gegeben, mit einer Wagenkette so auf den Kopf geschlagen, daß er auf der Stelle tot blieb.

Ich entsinne mich viele französische Regimenter, die mit klingendem Spiel durchzogen, so zerrissen und verlumpt waren,

Männerkopf.
Halbprofil
nach links,
Andeutung
von Uniform
und Halsorden.
Bleistift-
zeichnung

daß sie gar keinen Soldaten ähnlich sahen. Die meisten hatten keine Schuhe mehr und gingen barfuß, sangen aber und waren lustig. Viele hatten zahme Eichhörnchen auf dem Tornister sitzen oder Elstern, Raben u. d. g. Sie marschierten schnell durch, weil sie auf der Flucht vor dem Erzherzog Carl waren. Ganze Herden Kühe, Schweine, Schafe usw. folgten den Regimentern. Die Leute wurden gezwungen, Heu und Stroh herzugeben, schleppten Holz, Stühle, Bänke u. d. g. auf die Wiese, um Wachtfeuer damit anzumachen. In unserem Biengarten hatten sie ein Geländer um das Blumengärtchen verbrannt.

Viele Cavalleristen hatten Bauernpferde und manche Bauernmützen auf. Dann und wann sah man auch Gefesselte in zerlumpten Kleidern, die Hände mit Ketten oder Stricken auf den Rücken befestigt, zwischen den Regimentern mitmarschieren. Die Leute sagten, es wären gefangene Spione. Viele Soldaten trugen die Arme in Binden oder Tücher um ihre verwundeten

Henriette Zimmer. Schwester der Mutter Dorothea Grimm. Bleistift-zeichnung. 1808

Köpfe. Viele Wagen voll Verwundete und Sterbende folgten. Das Zusehn der langen Kanonenzüge machte uns besonders Vergnügen. Da waren oft vor einer Kanone 10 Bauernpferde, worauf geschlagen wurde, um schneller fortzukommen.

Bei den Durchzügen fing schon eine Viehseuche an, und nachher ging beinahe alles Vieh darauf. Unsere Magd mußte alle Tage ein paarmal im Stall mit Wacholder räuchern. Während ringsum alles Vieh zugrunde ging, blieben unsere 2 Kühe gesund. Aber die Milch wurde nicht gebraucht, und wir tranken Wasser oder Tee. Nach der Zeit kaufte die Mutter ein halbes Haus am Brükkentor (die alte Rentnerei genannt), wo sie auch bis zu ihrem Abzug nach Kassel gewohnt hat. Dabei hatten wir Ställe und Scheune und ein Gärtchen und was zu einer kleinen Landwirtschaft gehört.

Wie noch der Jacob und Wilhelm da waren, machten wir zweimal eine Reise nach Hanau zum Großvater. Die ganze Familie

hatte in unserem großen, schönen Wagen Platz. Der alte Großvater hatte uns alle sehr lieb (er war Kanzleirat), hatte noch eine
alte ledige Tochter bei sich, die Hannchen hieß und die uns Kindern auch alles zuliebe tat. Er wohnte im Dinaldschen Haus[8] bei
der lutherischen Kirche. Er war freundlich und lebendig, trug eine gepuderte Perücke und war gewöhnlich im Schlafrock oder
braunsammten Rock mit großen Perlmutterknöpfen, war neun-
zig Jahre alt, las aber die Zeitungen ohne Brille und schrieb eine
sehr schöne Hand.

Die Großmutter war tot. Alle hatten sie lieb gehabt. Nach ihrem
ähnlichen Bild, was wir haben, hat sie schöne, freundliche lie-
benswürdige Gesichtszüge. Ein geistlicher Herr und der alte
Meisterling waren die Hausfreunde und oft da. Von da aus wurde einmal nach Hochstadt gefahren, wo die Mutter eine Schwester hatte, die an einen Geistlichen[9] verheuratet war, nach Wa-
chebuchen zu einem Pfarr[10] und auch ans Wilhelmsbad.

Außerdem weiß ich mir nur noch zweier Begebenheiten zu erinnern, die ich nicht vergessen habe. Als wir wieder nach Steinau
fuhren und der Wagen, mit 4 Pferden bespannt, vor der Türe
stand, war ich auf den hohen Kutschenbock geklettert. Die kleine Lotte saß im Wagen, aber die Türen standen auf. Meine Beine
waren zu klein und reichten nicht auf den Tritt des Bocks. So
nahm ich die Zügel der 4 Pferde in die Hände. Carl war mit der
langen Peitsche hinaufgegangen, und aus dem Gangfenster fing
er an auf die Pferde zu hauen, die auch alle 4 mit dem Wagen fort-
rannten. Ich hielt die Zügel so gut ich konnte mit der einen Hand,
mit der andern hielt ich mich am Bock, und so liefen die Pferde
durch eine Straße, kamen auf den Markt und warfen einige
Obst- und Gemüsekörbe um, und einige hölzerne Buden wurden umgeworfen. Es gab ein Geschrei und Lärmen, da fiel
ein junger Mann den Pferden in die Zügel, ein Candidat Seger,
und so wurden sie wieder ans Haus gebracht. Ich weiß noch, daß
ich mit Vergnügen vom Bock herunter den Sprüngen der Pferde
zusah. Die Lotte saß ganz vergnügt im Wagen. Und unterwegs

8 Altstädter Markt 7.
9 Johann Philipp Höne.
10 Johann Nikolaus Freund.

29

blieb vor Salmünster der Wagen in einem tiefen schlammigen Loch stecken. Die Pferde waren nicht imstande, ihn herauszuziehen. Da versammelten sich viele Leute, die halfen, holten Stangen und Hölzer, und nach vieler Mühe kamen wir endlich heraus, und es war dunkle Nacht, wie wir wieder in Steinau ankamen.

Ein großer Jubel war auch, wenn die Mutter mit uns nach Schlüchtern zur Familie Stickel oder auf den Hundsrück zur Familie Rose fuhr. Der alte Müller fuhr uns mit Baists Pferden. Die Familie Stickel wohnt ganz nahe bei Schlüchtern in einem alten Haus (das Schlößchen genannt), von Stein bis oben aufgebaut. Es ist mit Wasser umgeben, und über eine Zugbrücke kommt man zum Schlößchen. Das Ganze ist mit einem großen Obstgarten umgeben, woran die Kinzig fließt. Zwei alte gute Leute nebst Sohn und Tochter[11] empfingen uns. Über dem Tor war ein Wappen[12] in Stein gehauen, vor der Türe Lauben und ein Gärtchen mit Rosenstöcken und voller schöner Blumen, auch Stachel- und Johannisbeerstöcke. Alles, die Wege zierlich und reinlich gehalten. Auf dem Hausehren oben große Hirschgeweihe, alte, große Schränke. In der Stube waren die Wände getäfelt. Das Holz war aber vom Alter braun geworden. Aber überall reinlich. An der Wand hingen einige Bilder und Silhouetten und 2 kleinere Hirschgeweihe, dazwischen Jagdgewehre und was zur Jagd gehört. Schöne altmodische Schränke und Kommoden, aber alles glänzte, und zwei Stieglitze zwitscherten in Käfigen. In der Nebenstube war die Tafel gedeckt, und es wurde gegessen. Nach Tisch Stachelbeeren und Obst gegessen, was einer wollte, und im Garten gespielt.

Der Sohn hieß, glaube ich, Fritz und die Tochter Rosinchen. Die Frau Stickel war klein und dick, sehr freundlich, er groß und mager und hatte beständig eine lange tönerne Pfeife und rauchte oder hatte sie in der Hand, nahm uns auf seinen Schoß und küßte uns. Dann wurde zum Kaffee gerufen. Eine große, altgeformte silberne Kaffee- und Milchkanne stand auf einer blumigen, gewirkten Kaffeeserviette, daneben eine sehr große Schüssel mit zuckerbestreuten, prächtig riechenden Waffeln, eine 2te mit frischen Zwiebäcken und auch Butterbrot. Nach dem Kaffee kam eine große Schüssel mit Honig, der golden in den Wachszellen steckte, und einige Obstkuchen. So verging der glückliche Tag mit Essen und Spielen, und wir waren sehr ungehalten, wenn der Müller den Wagen wieder aus der Remise zog, um anzuspannen. So begleiteten uns die freundlichen Leute bis an den Wagen. Der alte Herr hatte das liebe Lottchen bis an den Wagen getragen, und mußte allen noch Küsse geben. Gewöhnlich war das liebe Kind eingeschlafen, als der Wagen wieder vor der Türe in Steinau stand.

Fuhren wir auf den Hundsrück, so schickte uns Herr Rose seine Pferde. Der Weg war sehr schlecht, aber wunderschön. Da ging es durch Hohlwege, dann über Wiesen, durch die Steinebach, wo wir dann aus dem Wagen sahen, wenn das Wasser bis an die Räder ging. Die Nähe des Hofs wurde schon durch Hundegebell angekündigt. Die ganze Familie kam uns jubelnd entgegen. Die Familie Rose stammte aus Holland. Es war eine vornehme und reiche Familie, die sich zurückgezogen. Die Ursachen sind mir unbekannt. Der Vater von ihr war Gouverneur[13], seine Vorfahren Offiziere. Sie lebten mit uns sehr freundschaftlich. Meine Mutter hatte eine Tochter zur Taufe gehalten, die Dortchen hieß. Der Herr Rose war ein großer Mann, der eine militairische Haltung hatte. Sie war etwas stark und nicht klein, schön und blühende Farbe, die Kinder all sehr schön und blühend. Die älteste hieß Constanzia, wurde Stanzchen genannt, war älter wie wir alle, dann war ein Minchen, Jettchen usw. da, wohl 7 bis 8 Kinder, alle munter und lustig.

Der Tag verging da ebenso schnell. Da wurde gegessen und getrunken, in die Wiesen, Felder und Wald gegangen und Blumen geholt. 3 bis 4 Gärten waren um den Hof, alle mit Obst und Blumen, ein Teich, eine Fischerhütte in der Nähe. Das Gut war ein viereckiges, einfach gebautes, steinernes Gebäude, wo nach Süd die Wohnungen der Familie Rose waren, geräumig und groß. Im Torweg lag ein großer alter Hund an der Kette, zottelig und schwarz, mit Namen Sultan. Der Hund tat uns aber nichts, und

11 Johann Elias Stickel und seine Frau, Wilhelm und Henriette Philippine Stickel.
12 Wappen der Freiherren v. Lauter.
13 Gemeint ist Christian Rose, Kommandeur von Joffanapatam bei Ceylon, der Vater von Valentin Rose.

Ferdinand Grimm.
Bleistiftzeichnung.
1808

wir konnten zu ihm gehn und mit ihm spielen, und wir krochen oft zu ihm ins Häuschen und brachten ihm einen guten Brocken mit.

Dann war es ein wahrer Spectakel, wenn das Federvieh gefüttert wurde: das Geschrei der vielen Hühner, Welschen, Enten, Gänse und Tauben. Alle waren so zahm, daß wir sie fangen konnten. Übrall waren Schwalben-, Spatzen- und Rotkehlchennester am Haus. Glucken mit ihren kleinen Küchelchen gingen herum, Jagd- und Dachshunde sprangen herum. Gegen Abend kamen alle Viehherden nach Haus.

Hinter dem Gut war ein kleiner Wald, meist lauter uralte, entsetzlich große Eichbäume, manche schon hohl unten, wo die Schäfer und Hirten bei starkem Regen und Wind Obdach fanden. Ringsum war das Gut mit hohen waldigen Bergen umgeben, und die ganze Gegend reizend, die Steinebach mit ihren Papiermühlen und Fischerhütten nicht weit und viele andere kleine Bäche, mit Vergißmeinnicht bewachsen. Nach Norden war ein Wall um das Gut, der mit Kirschenbäumen bepflanzt war. Von da sah man in eine waldige, buschige Tiefe, in deren Mitte ein Teich, mit Schilf bewachsen. Überall streiften wir Kinder herum, kein Weg und Steg war uns zu gefährlich, auf Pferde und Bäume und Leitern wurde geklettert, Vogelnester wurden gesucht, Raupen in Schachteln mitgenommen und Schmetterlinge gefangen. Die Mutter saß dann mit Herrn und Frau Rose in der Laube ihres Gartens. Gewöhnlich nahmen wir auch Wilhelm Denhard und dessen Eltern mit auf den Hundsrück. War das Wetter schön und zum Gehn trocken, so wurde zu Fuß nach Haus gegangen, wobei uns fast immer die Familie, groß und klein, mehr als die Hälfte begleitete.

Die Stadt Steinau liegt sehr malerisch. Auf dem höchsten Punkt liegt die Kirche (reformierte), das Schloß und Rathaus, und von jeder Seite, woher man kömmt, nimmt sie sich gut aus. Im Frühjahr wird die Kinzig groß, tritt aus und überschwemmt die Landstraße. Die Mauerwiese und der ganze Kinziggrund ist mit rotem Wasser überschwemmt. Luft und Clima sind sehr gesund und gut, und wenn in Cassel die Veilchen noch selten sind, blühen sie dort überall. Die Ostereier mußten wir im Biengarten suchen, und da wurden sie schon in Gras und Sauerampfer versteckt. Allgemeiner Jubel war, wenn die Störche ankamen und ihr altes Nest auf dem Stadttor[14] neben dem Amthaus wieder bezogen. Das wunderschöne Geläute der Kirchenglocken hörten wir Sonnabend abends aus dem Biengarten mit an, danach wurde ein geistlich Lied mit Blasinstrumenten gespielt.

Zuzeiten machte die Mutter mit uns einen Spaziergang um die Lohmühle, an den Teichen außerhalb der Stadt und durchs Schloß zurück durch die Stadt, wo dann die Leute, die vor den Haustüren saßen, jedesmal aufstanden und grüßten. Ich weiß, daß oft Leute kamen und die Mutter um Rat fragten, und viele, die für Kranke Essen und Trinken holten. Sie war so gut gegen jedermann. Wenn wir sie als bei Regenwetter plagten, sie solle uns etwas zum Besehn geben, sagte sie freundlich: „Liebes Kind, ich habe ja nichts mehr. Ich würde dir es ja geben, und wenn ich's

---

14 Niedertor.

hinter 10 Schlösser hätte." Dann setzten wir uns zu ihr, und sie erzählte uns oder las uns etwas vor. Jeden Tag las sie uns den Morgen- und Abendsegen vor. Sie war schon kränklich und trank Brunnen, wo die Lotte und ich ihr den Krug mit in den Biengarten trugen. Sie hatte oft heftiges Kopfweh, und wenn sie als Briefe von der lieben Tante[15] aus Cassel bekam, wo dann immer gute Nachrichten und auch Briefe von Jacob und Wilhelm mitkamen, war sie so erfreut, daß sie auch jedesmal heftiges Kopfweh bekam. Sie war einmal sehr krank, aber durch die Bemühungen des Doctor Wagner und Gottes Hülfe wurde sie wieder gesund. Die ehrliche, brave Marie hat die Nächte bei ihr gewacht. Nachher wurde ich auch krank, und es hat mir allerlei phantastisches Zeug geträumt. Nach der Krankheit erzählten sie mir, ich hätte lange phantasiert und wunderliche Sachen erzählt.

Jacob und Wilhelm waren in Marburg und studierten. Ich weiß noch, wie sie den freudigen Brief erhielt, worin Jacob schrieb, daß er uns in den Ferien besuchen wollte. Es wurden Hähnerchen gebraten und Zwetschenkuchen gebacken. Wilhelm kam nicht mit. Das war eine Freude, wie er ankam. Er trug die damalige Studentenkleidung, scharlachroten Frack mit schwarzsamt Kragen und Aufschlägen, lederne Beinkleider und hohe glänzende Kanonenstiefel mit Sporn. Da ritt er dann mit Jacob Denhard nach Schlüchtern und in die Umgegend zu Bekannte. Auch Fußpartien, wobei wir mitgingen, nach Bellings, in die Wälder ringsum wurden unternommen, und die gute Mutter war dann immer so betrübt, wenn er wieder wegreiste. Da sah sie immer in der Nacht nach dem Himmel, ob das Wetter auch gut sei.

Der Jacob mußte uns prüfen, was wir gelernt hatten. Er sagte, wir wären noch sehr weit zurück, und es wäre Zeit, daß wir von Steinau wegkämen. Es war aber vorderhand noch keine Aussicht dazu.

Wir wohnten schon längst in unserm eignen Haus am Brückentor, nicht weit von Jacob Pauli und der Familie Denhard. Wir hatten aber eine große Freundschaft geschlossen mit einem Jungen, der gegen uns über wohnte, Nicolaus Feld, gewöhnlich nur Gläschen[16] genannt, ein sehr braver, ordentlicher Junge, verständig dabei, der fleißiger und mehr gelernt hatte wie wir. Wir hatten

Jacob Grimm.
Bleistiftzeichnung. 1818

uns gegenseitig sehr lieb. Er war immer freundlich und tat uns alles, was er uns an den Augen absehn konnte. Sein Vater und ältester Bruder saßen beständig hinter der Scheibe und machten Töpfe, Schüsseln u. d.g., auch Ziegel und Backsteine. Unser Gläschen mußte mit den Ochsen auf den Acker und Ton aus der Grube nach Haus fahren. Gegen Abend war ich gewöhnlich bei der Töpferfamilie und sah zu beim Arbeiten und knetete auch selbst im Ton herum.

Sonntags, wenn das Gläschen frei war, so gingen wir mit der Mutter Erlaubnis und ein Stück Brot in der Tasche in die Berge und Wälder. Wie war uns so wohl in den schönen Gegenden und Wäldern. Das Singen der Lerchen, Amseln und hundert andere Vögel. Nun wurden Nester gesucht, auf Bäume geklettert,

---

15 Henriette Philippine Zimmer.
16 Mundartlich für Kläschen.

Schmetterlinge gefangen, da durchstreiften wir die dicksten Wälder. Unser Weg ging aber meistens nach dem Weinberg und dem Ohl. In diesen großen Wäldern, meist Eichen, da wußten wir jeden Weg und Steg auswendig. Waren wir ermüdet, so lagerten wir uns an eine Waldquelle, woraus wir dann beim Wiederweggehn aus den Händen tranken. Hüte oder Mützen hatte keiner mitgenommen.

War unser Vorrat aufgezehrt, so wurden Himbeeren, Erdbeeren oder Sprößlinge gegessen. Letztere sind eine Art Erdbeeren, die ich nirgendswo anders als auf dem dortigen Weinberg angetroffen habe. Sie werden nicht ganz rot, schmecken aber süßer, saftiger und aromatischer wie die Erdbeeren. Die Beeren haben sehr kurze Stiele und liegen meist auf der warmen Kalkerde. Der ganze Beerenstock sieht unbedeutend aus und kommt zwischen kleinen Kalksteinchen hervor.

Das war eine wunderschöne Zeit, wie wir so in der Waldeinsamkeit herumschwärmten, wo es so einsam und still war. Die Spechte hörte man an den hohlen Bäumen hacken, [sah] die Star die Jungen füttern. Die wilden Tauben flogen hin und her. Die Kohl- und Blaumeisen, die Goldammer, Gelbhänfling, Buchfink, Zeisig, Amsel, Drossel, Drehhals, Blutfink, Grasmücke und viele andere Vögel zwitscherten durcheinander. Oft hörte man auch das scharfe Geschrei der Häher und den Baß der Kolkraben und [sah] in hoher, blauer Luft den Weihe einen langsamen Kreis fliegen. Es roch prächtig nach Thymian und tausend Waldblumen, nach Erd- und Himbeeren. Ach, das war eine wunderschöne Zeit!

Der weiteste Ort war das Entenbörnchen, eine einsame Felsenschlucht mitten im dunklen Wald. Da kommt wildsprudelnd eine kristallhelle Quelle aus dem Felsen. Die Leute erzählen, weit oben im Wald hätten sie 2 weiße Enten in ein Loch geworfen, und die sind aus dieser Quelle wieder herausgekommen. Dann machten wir aus Weidenschalen Körbchen und suchten die schönsten Erd- und Himbeeren und Sprößlinge hinein und brachten sie der lieben Mutter und Lottchen mit. Wir gingen dann mit den sinkenden goldenen Sonnstrahlen wieder nach Haus. An Feiertagen und Sonntagen wurde mit unserem treuen Kläschen immer Waldpartien gemacht, und wir sind die besten

Freunde geblieben bis zu unserm Abgang von Steinau. Oft gingen wir zu weit, daß wir als in der Nacht heimkamen. Einmal hatte die Mutter Leute mit Laternen in Wald geschickt, um uns zu suchen.

Noch einen Mann muß ich erwähnen, das war unser alter Gärtner Johannes Amend vom Steinweg, wurde nur das Menge genannt, ein mürrischer, eigensinniger Mann, der tat, wie er wollte, und den man gehn ließ. Seine Frau war alt und kränklich. Deren Mutter war bei meiner Großmutter, der Frau Pfarr Grimm in Steinau, 40 Jahre Köchin gewesen. Daher schrieb sich die große Anhänglichkeit an unsere Familie, und alle Mitglieder dieser Familie hätten Leib und Seele für uns gelassen. Dieser alte Gärtner hatte nun immer in unserm Biengarten zu arbeiten, aber er machte es selten, wie es die Mutter haben wollte, war sehr träge und langsam, kam, wenn er wollte, und ging weg, wenn es ihm einfiel. Wir Jungens ärgerten den Mann aus Mutwillen nun vielfach, brauchten sein Handwerkszeug, machten die Axt stumpf, stopften seine Tabakspfeife mit Moos, versteckten ihm die Schnupftabaksdose, frugen ihn tausend Albernheiten, und wenn er zur Mutter kam, brachte er endlose Klagen gegen uns vor.

Der Carl, der überhaupt das Talent hat, den Leuten nachzumachen, wie wir alle mehr oder weniger, konnte diesem Gärtner, dem Präzeptor Z. und vielen auf das täuschendste nachsprechen und Manieren und Bewegungen festhalten. Die gute Mutter konnte das nicht leiden und verbot es uns auf das strengste, aber wenn wir unter uns waren, geschah es doch. So hat der alte Mann dem Garten mehr Schaden als Nutzen gebracht. Die Mutter war zu gut, um der Familie weh zu tun. So blieb es immer beim alten. Die Lotte war sein Liebling, und da kam er als Sonntags und sagte: „Da hab ich meim lieben Jumpfler Lottche ein Hopfengemüsche und ein paar Gackelcher (Eier) mitgebracht." Dann klagte er, es sei ihm nicht ganz recht, wo er dann ein Glas Wein bekam. Seine alte Frau brachte dann und wann ein Mattekuchen, den sie gebacken und der uns sehr gut schmeckte. Sie hatten eine Tochter mit Namen Lies. Die war an einen Schmied verheiratet, aber das Handwerk ging nicht, und sie trieben Ackerbau.

Im Schneeballenwerfen, Raufen und Balgen tat es uns keiner gleich, und ich kann es nicht begreifen, daß ich meine gerade Glieder behalten habe. Die liebste Mutter hat oft gesagt: „Ich habe so Angst um dich, Ludwig. Du bist zu wild. Ich muß immer fürchten, sie bringen dich einmal nach Haus getragen mit entzweinen Gliedern." Der liebe Gott hat uns aber alle beschützt. In den Scheunen wurde bis oben die Leiter hinauf geklettert, auf den einzelnen Balken herumgegangen. Die vielen andern Bäume ausgenommen, war im Biengarten gewiß keiner, auf den ich nicht geklettert wäre, und die Beinkleider an den Knien waren oft abends, wenn sie auch neu waren, zerrissen. Die Marie hat sie oft, ohne daß es die Mutter ist gewahr geworden, in der Nacht geflickt oder gestopft.

Einmal hat mich ein Fuhrmann auf eins seiner Pferde, die er in die Kinzig in die Tränke ritt, gesetzt, und wie mein Pferd getrunken hatte, legte es sich ins Wasser, und ich schwamm, so gut ich konnte, aber ein Müllerknecht erwischte mich noch, da es nicht weit von den Mühlrädern war. Wir warfen sehr gut, und kein Sperling war sicher. Oft steckten wir uns ein Ziel, oder wenn wir ein altes Fenster wußten, da blieb gewiß keine Scheibe ganz. Ich wurde nicht mehr beim Namen genannt. Die Leute sagten nur „der wilde von Grimms Kinder", da wußte jeder, wer es war, und die Mutter sagte zu mir: „Du bist wie Quecksilber", aber sie hatte mich so lieb wie die andern auch, und keinem gab sie einen Vorzug.

Ich ging nun fleißig in die Kinderlehre zum Herrn Pfarr Schlemmer, ein Herr Vetter von uns, und ich habe oft bei der lieben Mutter gesessen, und sie hat mich im Katechismus unterrichtet und habe in der Bibel lesen müssen, und abends noch spät habe ich ihr und auch der Marie die Psalmen noch auswendig hersagen müssen. Zu Ostern wurde ich in der Kirche confirmiert. Es war ein schöner Tag, die Sonne schien in die Kirchenfenster und beleuchtete die großen steinernen Grabsteine meiner Voreltern, die in der Kirche liegen. Die gute Mutter saß mit der Lotte in ihrem Kirchenstuhl und hatte ihr schwarz Saffian-Gesangbuch in der Hand, ihre Augen waren verweint, gewiß vor Freude, daß ihr jüngster Sohn nun auch ins Christentum eingeführt wurde. Unser Kläschen V. und Adolph Bode wurden auch mit konfirmiert[17], ich war der oberste von allen den vielen Jungens, weil ich der Justizamtmanns-Sohn war, aber das Kläschen und manche andere konnten weit mehr als ich. Weil ich der erste war, so dachte ich, sehn gewiß alle Leute auf dich, wenn du nichts kannst, und es war mir angst, aber der Herr Pfarr mochte wohl wissen, wel-

17 Weder Nikolaus Velt noch Adolf Bode sind im ref. Kirchenbuch von Steinau unter den 36 Knaben und Mädchen genannt, die am Sonntag Palmarum (3. April) 1803 mit L.E. Grimm zusammen konfirmiert wurden.

che Fragen ich ihm am besten beantworten konnte, und so bestand ich sehr gut. Wie die Kirche, die sehr lange dauerte, vorbei war, umarmte und küßte mich die liebe Mutter und gab mir noch gute Lehren, die ich mein Leben nicht vergessen habe.

Noch recht gut erinnere ich mich, wie das Jahr 1800 gefeiert wurde, gegen Abend war Posaunenmusik vom Turm herab. Es war kaum dämmrig, so hörte man schon überall Schüsse, und die Leute jubelten überall in den Straßen und warfen sich alte und neue, große und kleine Töpfe an die Haustüren, das ging so fort bis an den hellen Neujahrstag.

Wir Kinder waren sehr abgehärtet und gingen im Sommer wie im Winter in bloßem Hals und meist ohne Mütze oder Hut. Ich entsinne mich, nur einmal krank gewesen zu sein. Die Ursache davon war, daß ich mit dem Kläschen im März auf dem Weinberg herumgelaufen bin und aus großem Durst haben wir Schnee, den wir in den Felsenspalten gefunden, genossen. Dann soll ich die Blattern sehr stark gehabt haben und in der Krankheit so unbändig gewesen sein, daß mir die Händchen festgebunden worden sind, um mir das Gesicht nicht zu zerkratzen. Ich habe eine Narbe auf der Stirn, zwischen den Augen, davongetragen, weiß mich der Krankheit nicht zu entsinnen. Ich muß sie in meinen frühesten Jahren gehabt haben.

Dann bin ich mit dem Kläschen Schlitten gefahren im großen, gefrorenen Schnee auf einer Wiese, nahe beim Biengarten, und wir kamen in eine Röse (ein stubengroßer Wasserbehälter, wo die Leute den Flachs hinein legen). Die Flachsröse brach ein, und ich kam bis an die Knie ins Wasser und Schlamm. Ich zog meine schmutzigen Strümpfe aus, und das Kläschen lief an die Steinebach und wusch sie wieder rein. Sie waren aber, als ich sie anziehen wollte, steif gefroren. Da wurde so lange daran gerieben, bis sie beweglich waren und ich sie anziehen konnte. Unter der Zeit lief ich barfuß im Schnee herum. Sie wurden an meinen Beinen wieder trocken, und wir fuhren noch stundenlang Schlitten.

Dann bin ich mit einem Jungen vom Hundsrück bis an die Steinebach gelaufen, wer von uns beiden zuerst im Wasser wäre. Ich war zuerst in der Steinebach, der arme Junge wurde aber von dieser Begebenheit bis auf den Tod krank. Mir hat der Schnee und

Wilhelm Grimm.
Bleistift und Tusche.
1828

W. Grimm

1828. 15 Aug.

diese Unbesonnenheit nichts geschadet. Ja, es ist wahr, unzähligemal hat mich der liebe Gott vor Unglück bewahrt.

Eine Hauptfreude war das Aufziehen junger Vögel, und wir hatten immer Käfige voll Amseln und Hänflingen, und wir jubelten, wenn wir sie so weit gebracht hatten, daß sie allein fressen konnten. Auch ein paar Tauben hatten wir in unserer Stube und hatten ihr Nest unter dem Bett. Auch ein allerliebstes Kätzchen, mit dem wir spielten und uns wie ein Hund nachlief bis in Biengarten.

Wir[18] sollten nun auch nach Cassel aufs Liceum und mit dem Jacob, wenn er in den Ferien wiederkomme, mitreisen. Es war mir gar zu wehmütig, die liebe Mutter und Lotte nun zu verlassen. Ehe der Jacob kam, ging ich noch mit der lieben Lotte nach Niederzell und haben junge Hähnerchen bestellt. Ich habe als heim-

18 Ferdinand und Ludwig Emil Grimm.

41

lich geweint. Ich konnte mich gar nicht darein finden, die gute Mutter und Schwester nicht mehr zu sehn. Die Nacht vorher konnte ich gar nicht schlafen. Ich stieg auf, es war noch dunkel, und ging in der Mutter Schlafstube. Ich konnte aber vor Weinen nicht sprechen. Sie reichte mir die Hand und schloß mich in ihre Arme und weinte auch: „Folge nur all den guten Lehren, die ich dir immer gegeben habe." Ich setzte mich neben ihr Bett, und sie sprach lange mit mir, und ich mußte ihr in die Hand versprechen, daß ich nie was Böses tun wolle. Ich höre noch ihre liebevolle Stimme, wie sie mich ermahnte: „Wenn du in Cassel bist, so kann ich nicht mehr auf dich acht geben, aber glaube mir, der liebe Gott sieht und hört alles, was du tust. Vergiß ja meine Ermahnungen nicht, und wenn du die befolgst, wird dir's gut gehn in der Welt, und Gottes Segen wird über dich kommen." Die liebe Lotte lag noch im tiefen Schlaf neben ihr. Wie sie erwachte, fing sie an zu weinen, hielt mich fest um den Hals mit ihren kleinen Händchen und wollte mich nicht weglassen. Ach, wie schwer ist mir der Abschied geworden.

Morgens fuhr uns unser alter Kutscher weg, ich habe bis Salmünster nicht aufgehört zu weinen und war mir alles so trostlos. In Hanau logierten wir bei der Familie Meisterlin und von da nach Marburg, wo wir den lieben Wilhelm fanden, dann auf dem Postwagen nach Cassel.

In der alten Heimat
(1815)

Ende Juli reiste ich ab. Leutnant Steinmüller und der Maler Carl Arnold begleiteten mich bis auf die Knallhütte. Ich logierte in Frankfurt bei Georg Brentano La Roche in der Sandgasse. Nach einigen Tagen setzte ich mich auf den Eilwagen, um das liebe Steinau wiederzusehn. Bei Gelnhausen fing die schöne Gegend wieder an. Eine ziemlich ältliche Frau, sonst niemand, saß noch im Wagen. Ich frug sie, wo sie hinreiste. „Nach Steinau", sagte sie, „zu meinem Bruderssohn, dem Schulmeister Gelhar." Ich frug sie nun vielerlei von dort. „Ei, mein Herr, Sie sind ja so bekannt dort und sind doch, wie ich an der Uniform sehe, russischer Offizier!" Unsere Uniform bestand in einem dunkelblauen kurzen Überrock, carmosin- oder pfirsichblütenroten Kragen und Aufschlägen. Der Frack dunkelblau, dieselben Kragen und Aufschläge mit Silber, nur hinten die Schlippen waren ponceaurot.
Sie erzählte mir nun viel von dort. Ich sagte ihr: „Ich heiße Grimm." – „Ach, mein Gott! Ein Sohn von unserm braven seligen Herrn Amtmann! Das wird eine Freude geben in Steinau!" Ich ersuchte sie, dort noch niemand etwas davon zu sagen. So ging es durch Salmünster, Ahl, und ich sah meinen lieben Weinberg wieder, ein unbeschreibliches Gefühl hatte ich. Endlich sah ich auch die Stadt ruhig in der Abendsonne liegen. Es war Sonntag, und einzelne Spaziergänger begegneten uns. Der Eilwagen fuhr den Steinweg hinein sehr langsam wegen des schlechten Pflasters. Die Leute saßen vor den Türen auf den Treppen und belasen Gemüs oder Salat und hatten mir alle bekannte Gesichter. An unser alten Wohnung vorbei, am Amthaus, am Tor, wo das Storchnest darauf war, auf den Kumpen. Da sah ich das Rathaus, die Kirche, das Schloß und den Platz unser Kinderjugend. Der Eilwagen hielt bei Baist, dem Kronenwirt, still. Da mich da die Leute gleich erkannt haben würden, ging ich in das „Weiße

Roß" (Wirt Eckhard). Diese Leute kannte ich weniger, und ließ mir ein Zimmer zurechtmachen.

Nachdem ich mich soviel als möglich in Staat geworfen hatte, ging ich zum Jugendfreund Wilhelm Denhard, trat in die wohlbekannte Stube. Die Magd saß da und strickte, stand in Schrekken auf und glaubte, es wäre Einquartierung. „Der Herr Kirchenverwalter Denhard und seine Schwester sind nicht zu Haus", sagte sie, „er ist mit Herrn in einem Garten auf der Kegelbahn." – „Gehen Sie hin und sagen Sie ihm, ein Offizier wünsche ihn zu sprechen." Er kam sehr bald mit dem Mädchen in die Stube, stand vor mir und sagte etwas verlegen: „Was ist Ihnen gefällig?" Ich mußte lachen und sagte: „Wilhelm, kennst du mich nicht mehr?" – „Ach, du allmächtiger Gott, bist du es, Ludwig?" Und wir lagen uns in den Armen, wir hatten uns 14 Jahre nicht gesehn.

Bald darauf kam auch seine Schwester Sophie, schon ältlich und kränklich. Das war nun eine große Freude im Haus. Es half alles nichts, ich mußte im Haus bleiben. Die beste Stube wurde mir oben zurechtgemacht. Dann ging ich ins „Weiße Roß". Wie ich dahin kam, so sagte der Herr Wirt sehr freundlich, die Mütze in der Hand: „Wie Sie von hier nach dem Herrn Kirchverwalter gingen, da sagte meine Frau zu mir: Hör' einmal, der Herr Offizier hat so ein Grimmisches Gesicht und auch den Gang vom seligen Herrn Amtmann Grimm." – „Ja, Sie haben recht, ich bin der jüngste Sohn von ihm." Die Wirtin kam, mir die Hand reichend und drückend: „Siehst du wohl, ich hab mich nicht geirrt!" Ich sagte den alten Leuten nun, daß mich der Kirchverwalter Denhart nicht wieder aus dem Haus lassen wollte. „Ja, das habe ich mir wohl denken können. Aber beehren Sie uns als einmal. Das wird uns eine große Freude sein. O, wir haben Ihre Eltern sehr gut gekannt."

Den andern Tag wurden die alten Bekannten besucht, wo aber nur noch Gottschalk, Hufnagel und unser ehrliches Kläschen da waren. Dann Besuche in der Umgegend herum gemacht, in Birstein und zu Schlüchtern zu Pferd. In der Stadt gab's überall Einladungen. Im Amthaus und in unsern andern alten Wohnungen alle Stuben und Kammern besehn, und es blieb wohl kein Fleck, wo wir uns an Jugendfreuden erinnern konnten, von uns unbe-

Wilhelm
Theodor
Denhard aus
Steinau, in Land-
wehr-Uniform.
Bleistift.
1815

sucht. Mit dem Kläschen, das verheuratet war und dem es recht gut ging, bin ich einen ganzen Tag auf dem Weinberg und unsern alten Orten herumgestreift.

Der Wirt Eckhard hatte unsern Biengarten gekauft. Er schickte mir den andern Tag gleich den Schlüssel, um ihn, solange ich hier bliebe, zu gebrauchen. Wie oft war ich in dem lieben Garten. Hätten wir Geschwister doch alle da einmal zuammen sein können! Ich saß wieder auf der Bank vor der großen Hütte, wo die liebe Mutter so oft still lesend saß und oft in Gedanken vertieft, was aus uns Kinder wohl einmal werden würde, und uns immer gewiß in den Schutz Gottes empfohlen hatte. Dann wurde sie auch wieder heiter, wie sie uns alle gesund und vergnügt um sich herumspringen sah. Wie lebhaft sah ich sie dann vor mir. In Gedanken sah ich sie wieder mit uns im Garten langsam herumgehn, vor blühenden jungen Bäumchen stillstehn und mit Rührung sagen: „Seht, ihr Kinder, wie prächtig blüht das Bäumchen. Das hat auch euer lieber seliger Vater gepflanzt." Ich

45

bin immer mit Freude und Wehmut aus dem Garten gegangen. War ich stundenweit auf den Bergen, so suchten meine Augen immer erst den lieben Biengarten, das kleine Stückchen Land, was uns so glücklich gemacht hat. (Die Erinnerung ist das einzige Paradies, aus dem wir nicht vertrieben werden, wie Jean Paul sagt.)

Da Denhard morgens Amtsgeschäfte hatte, so suchte ich morgens von früh an alle bekannten Orte auf. Mittags war er dann ganz für mich, da wurden dann Besuche gemacht. Die ersten Tage hatte ich viele Besuche von Bürgersleuten, die sich nach meiner Familie erkundigten und alle sagten: „Ach, hätten wir doch Ihre lieben Eltern noch in Steinau! Kommt dann wohl keiner Ihrer Herren Brüder einmal als Amtmann hierher?" Alle frugen dann jedesmal: „Was macht denn unser liebes Lottchen?" und manche sagten: „Sie waren damals der wildeste von den jungen Herrn!" Recht intressante und schöne Bürgermädchen sah ich. Dann wa[ren] die Tochter vom Pfarr Schlemer, die Schwester vom Rentmeister Weitzel und eine Tochter vom Ökonom Göbel schöne Mädchen. Denhard führte mich zu der Göbelschen Familie, die sehr freundlich war. Der Alte war ein großer Mann, einsilbig, von der Sonne verbrannt, weil er den ganzen Tag im Feld oder auf kleinen Reisen war. Sie eine dicke, große, gesunde, höchst lustige und freundliche Frau. Hatten sehr viele Kinder, die meisten waren verheuratet oder abwesend. Die jüngste Tochter, Mariechen, war noch da und mehrere jüngere kleinere Buben...

[Dem Preusche[19)] saß ein Dreimaster auf] dem Hinterkopf oder lag vielmehr auf dem Kragen des Rocks, und [es] hatte einen großen Stock in der Hand. Dabei ein kleines, magres Kerlchen, immer munter, witzig und vergnügt und ließ sich durch nichts abschrecken. Wenn er 11mal kam und den Kopf in die Türe steckte und frug: „Nir ze bestelle nach Schlichtern? Ka Hasebälckge, nix vo Waar?" und wurde abgewiesen, kam er das 12t. Mal doch wieder. Ich habe ihn sehr ähnlich gezeichnet und zu meinem Werk radiert. Er ist wenigstens 90 Jahre als geworden und, solange ich ihn kenne, unverändert gesehn. Wievielmal mag wohl diese Art von ewigen Juden von Schlüchtern nach Steinau getrabt sein?

Preußche. Bleistiftzeichnung, leicht koloriert. 1815

In seinem echten Schacherjudengesicht lag ungemein viel Pfiffig-
keit, Schlauhcit, Witz, Verstand und so cin verschlagencs Lä-
cheln und wieder Gutmütigkeit, daß es eine Freude war, dieses
Original anzusehn. Er war nie in Verlegenheit, wußte auf jede
Frage schnelle gute Antworten, und es war physiognomisch
merkwürdig, wenn er mit den Leuten handelte, seine Waren
herausstrich, welche pfiffige Wendungen er im Gespräch nahm,
auf welche Fragen er mit Vorbedacht nicht antwortete, auf welche Späße er einging, aber doch die Hauptsache nicht aus dem
Auge verlor. Und in dem ganzen lumpigen Handel war vielleicht der Profit 1 oder 2 Kreuzer.
Die Leute lobten ihn als einen braven Juden. Bei alt und jung war
er bekannt, war bis ins Lächerliche gefällig, und alle Leute

---

19 Mordechai (Moritz) Löb, genannt Preußje.

47

Das Cathrinchen und seine Mutter die Lies. Bleistiftzeichnung. 1815

brauchten und benutzten ihn zu Bestellungen. Er hatte in Schlüchtern schon gehört, daß ich da sei, und kam auch richtig den andern Tag, ging in die Küche und sagte: „As en Herr Sohn von unserm Herrn Amtmann Grimm da is, as ich en wohl sehn derf?" Nun kam er die Treppe herauf, legte seinen Warensack vor die Tür, klopfte 2mal an und trat herein. „Guten Tag, Preusche, wie geht's?" Er betrachtete mich eine Zeitlang. Die kleinen Augen waren ihm ganz glänzend, und ich glaube noch auf diese Stunde, der Jude war gerührt!

Dann sagte er: „As ich alter Mann net dachte, daß ich im Leben noch sollte sehn ein Herr Sun von unserm Herrn Amtmann Grimm! In was kann ich Ihne diene, Herr Hauptmann? Das alte Preusche tut Ihne alles zu Gefalle!" Dann wendete er sich zu Denhard und sagte: „Als wenn mer unser Herrn Amtmann sehe, nur is der Herr Hauptmann ebes gresser. As der Herr und die Frau Amtmann Grimm das Preusche als ein ehrliche Mann gut gekannt haben. Als da der Herr Hauptmann und Herrn Brüder und anziges Schwesterchen noch net allan laufen konnten, so klan waren sie noch. Als es ein Unglück is gewest, daß wir verloren haben unsern braven Herrn Amtmann. Mit was kann das alte Preusche Ihnen diene? Was es auch is, Sie kenne ja das alte Preusche" usw.

Wie ich es zeichnete, saß es die Stunde, ohne sich zu rühren. „No, Preusche, betrachtet einmal Euer Bild!" sagte ich zu ihm, als es fertig war. Es holte ein vergriffenes, schmieriges Futteral aus der Tasche, nahm die Brill, setzte ihm auf die spitze Nase und sagte dann wie versteinert: „Is es meglich in der Welt, so was mache ze kenne?" Noch ein paar andere charakteristische Juden von Schlüchtern waren tot. Dabei war einer mit Namen Jochil.[20] Er hatte einmal dem Jacob hebräischen Unterricht gegeben.

Unser alter Gärtner und seine Frau waren tot, aber die Lies mit ihrer Tochter Cathrinchen kamen zu mir im Sonntagsstaat. Das Mädchen, etwa 18 Jahre, war sehr schön, wunderschöne Augen. Ich habe überhaupt in Steinau meist dunkelblaue Augen mit schönen dichten, langen Augenwimpern gesehen. Das dickste Ehepaar, was ich im Leben gesehn, war der Wirt und seine Frau aus der „Krone". Er trug eine weiße Jacke, schwarz und dunkelgrün manchesterne Hose und hellblaue Strümpfe. Der Bauch war aber die Hauptsache. In der Entfernung sah er aus, als wenn eine große weiße Schießscheibe auf 2 Beinen stand. Sie, die Frau, war noch etwas dicker. Das Gehn wurde ihr schwer. Sie watschelte langsam, und wenn man den Kopf nicht gesehn hätte, so sah sie aus wie das zusammengepackte Bettzeug von einem ganzen Haushalt. Beide frisch und gesund. Die zwei freundliche, nicht häßliche Gesichter anzusehn, war merkwürdig. Bei starkem Lachen verschwanden beide Augen in Fleischkissen. Es tat mir leid, sie nicht gezeichnet zu haben.

Noch muß ich unsern alten Doktor Wagner nennen, Hausfreund von uns, gescheites, ernstes Gesicht, etwas zu große Nase, scharfe Züge, nicht häßlich, in der ganzen Gegend berühmt (ich hab ihn ähnlich gezeichnet), klein von Figur, und da er oft verlangt wurde in der Umgegend, saß er meist zu Pferd. Er hat bei Kranken ein sehr richtiges Auge. Er ist einer von den unveränderlichsten Menschen, die ich gekannt habe. Er hat mir viel von den Eltern erzählen müssen, von denen er mit aufrichtiger

---

20 Jochil Strauß.

Der blinde Geiger.
Federzeichnung.
1828

Liebe und Achtung sprach. Was einem das in der Seele wohltut, wenn man so von allen Seiten die teuren Eltern mit Lob, Liebe und Hochachtung erwähnen hört! Wenn ich als stundenweit von Steinau allein auf dem Felde ging, kamen als Leute vom Ak-kerfeld, reichten mir die Hände, frugen nach den Brüdern, aber immer zuerst nach dem kleinen Lottchen, und fingen dann von ihrem braven Herrn Amtmann Grimm zu erzählen an. Nahe am Dorfe Bellings begegnete mir einmal ein Bauersmann. Mich betrachtend ging er an mir vorüber, kam aber nach einer Weile zurück auf mich zu, hatte den Hut in der Hand und sagte: „Mit Verlaub, sind Sie nicht ein Herr Grimm?" – „Ja!" antwortete ich. Da schüttelte er mir die Hand: „Was sind Sie unserm seligen Herrn Amtmann so ähnlich! O, ich habe die kleinen Kinder oft auf dem Arm im Hof herumgetragen, wenn wir Amtstag hatten! Mich können Sie nicht mehr kennen. Ich bin der Schulze (Gräfe oder Dorfbürgermeister) von Bellings." Solche Auftritte sind mir öfter vorgekommen.

Andreas Hufnagel und Georg Gottschalk waren noch die nämlichen. Letzterer, noch munter und lustig (war Amtsphysikus), und wenn wir alle zusammen waren, haben wir uns mit Freuden der Schuljahre beim Zinckhan erinnert. Was dann einer vergessen hatte, ergänzte der andere. Im Zinckhan seiner Schul- und Wohnstube sah es anders aus. Ein langer und noch langweiligerer Kerl kam mir da entgegen mit einem nichtssagenden Schulstubenluftgesicht, rühmte mir seine Methoden mit den Kindern und was er mir all vorgeschwätzt hat. Ich hörte ihm aber nicht zu, besah mir alles, und da leider das echte Original, der Zinckhan, nicht mehr da war, eilte ich wieder weg und besuchte gleich daneben die Familie Schlemmer. Sie war eine ganz schöne, gescheute Frau[21]) und eine der Töchter sehr schön, aber kein deutsches, mehr ein französisches Gesicht. Sie reiste leider ein paar Tage nach meiner Ankunft zu Verwandten, habe sie wenig kennengelernt.

Der alte Stadtschreiber Möller, Amtmann Büff und mehrere gaben mir noch Gesellschaften, die meisten Besuche wurden aber doch bei Göbels gemacht. Jeder Tag knüpfte sich an irgendeine Jugenderinnerung, so daß ich an eine baldige Abreise noch nicht dachte. Wäre dieses schwärmerische Leben nicht durch einen Brief von meinem Bruder Wilhelm aus Frankfurt unterbrochen worden, der mich einlud, eine Rheinreise mit ihm zu machen, und es würde für mich – so schrieb er – umso intressanter sein, da Goethe und die Familie von Savigny in Frankfurt wären. Ich freute mich auch darauf, meinen Bruder noch einmal zu sehen. So beschloß ich denn, in den ersten Tagen abzureisen.

---

21 Cornelia Angelika Schlemmer.

Stephan Bormann, Pfarrer und Angehöriger des Benediktinerordens. Bleistiftzeichnung. 1820

Den Tag meiner Abreise bin ich noch morgens in aller Frühe in [den] lieben Biengarten gegangen und setzte mich auf der lieben Mutter ihr Plätzchen. Da war alles wie in den Kinderjahren: das hohe Gras mit seinen tausend und tausend Blumen, die Tautropfen blinkten wie Diamanten in der Morgensonne. Die Goldammer, der Buchfink, der Hänfling, die Amsel, Lerche und die Schwalben unterbrachen nur die feierliche Stille. Nach[her] brach ich noch überall Blumen für die liebe Lotte ab und ging zu Denhard.

Auf dem Hundsrück war aber nicht mehr das fröhliche Leben. Die Familie Rose war längst weggezogen, ich glaube wieder nach Holland. Der jetzige Pächter war, wenn ich nicht irre, aus Steinau und hieß Gerlach[22], schien ein mürrischer Mann zu sein. Die Blumengärten und so ziemlich alles ringsum schien verwildert zu sein. Der alte Sultan unter dem Tor wedelte einen nicht mehr freundlich an. Statt der vielen Tauben, Enten, vielerlei Hühner, die alle zahm waren, stand eine Herde garstiger Gänse da, die „kickgack" machten, und Schweine gingen grunzend herum. Das sonstige Idyllische war verschwunden, aber noch war die alte schöne Gegend da.

In Schlüchtern stiegen wir bei dem Postmeister Köhler (ich glaub, so heißt er) ab, in der nämlichen Stube, wo Napoleon logierte auf der Flucht nach der Leipziger Schlacht. Der Mann konnte viel aus der Zeit erzählen. Dann gingen wir zur Familie Stickel. Die alten Leute, ihre Tochter Rosinchen und der Sohn waren schon tot. Die Schwiegertochter[23], eine Frau im besten Alter, empfing uns freundlich, zeigte uns alles und ging im Garten mit uns herum. Der mit Wasser angefüllte Wallgraben war zugeworfen, und nun stand das Haus ganz langweilig da, alles Romantische war weg! Die Frau erzählte mir, daß eine ihrer Töchter verheiratet, die andere Braut sei.[24] Beide waren abwesend. „Ja, ja, so geht die Zeit herum!" dacht ich. Den Hundsrück und Schlüchtern mußte ich noch erwähnen.

Nun wurden Abschiedsbesuche gemacht. Zuerst in der Nähe beim Pfarr Sanner, ein geistreicher Mann, der aber durch Nichtstun und den musterhaft schlampigen und liederlichen Haushalt seiner Frau zugrunde gehn muß und leider auch gegangen ist.

Dann bei den andern und zuletzt bei Göbels. Auch besuchte ich noch den Johannes Heid, unser ehrlichen, braven Marie ihr Mann, die aber schon lange tot war. Bei Göbels mußte ich versprechen, bald wiederzukommen, was ich auch willens war. Sie umarmten mich alle, und Mariechen weinte dabei bitterlich. Dann begleitete mich Denhard vor die „Krone" und ich fuhr um 12 Uhr ab, gedachte der fröhlichen 5 Wochen in Steinau, und in der ersten Dämmrung kam ich in Gelnhausen an, sah die schöne Kirche und den alten Barbarossapalast in unkenntlichen Massen daliegen.

---

22 Gerland.
23 Elisabeth Magdalena Stickel, geb. Walter.
24 Friederike Stickel heiratete den Apotheker Gottlieb Zinckhan, ihre Schwester Marie dessen Bruder Moritz, Kreisphysikus in Schlüchtern. Eine dritte Schwester, Karoline Stickel, blieb unverheiratet.

In Hanau,
Birstein und Soden
(1820)

Vor Neujahr wurde ich vom Forstassessor Balde nach Hanau eingeladen, wo ich Carl Blum fand und den Geheimen Rat Leonardi von München. Wir brachten den Silvesterabend im „Riesen" auf einem Ball zu, wo die Damen weit schöner wie in Frankfurt waren, dazu sehr schön gewachsen. Meine Reise nach Cassel verzögerte sich noch durch Arbeiten bis Mitte April. Da kam Henschel nach Frankfurt. Nun nahm ich Abschied, und G. Brentano ließ uns bis nach Offenbach fahren, wo wir Bury (Juwelier) aus Hanau erwarteten und fanden, bei einem geistlichen Herrn, Verwandten von Bury, zu Mittag speisten und dann zu Fuß, bei Rumpenheim vorbei, nach Hanau gingen.

Von Hanau machten wir eine Partie nach Gelnhausen, besahen den Barbarossapalast, die Kirchen, zeichneten und fuhren abends wieder nach Hanau. Dann wieder einen schönen Spaziergang über den Main, durch Steinheim, auf ein 2 Stunden weites darmstädtsches Dorf Lämmerspiel, zu einem katholischen Geistlichen, wo wir den Tag blieben und bei Tisch vortreffliche Gibitzen Eier bekamen. Der Geistliche war so nahe an den 50 Jahren, groß, stark, eine schöne Haltung, schönes, intressantes Gesicht. Er hätte einen prächtigen Cardinal in ein Bild abgegeben. Dabei war er sehr munter und freundlich, ein vortrefflicher Schütz. Er schoß vor unsern Augen mit einer Windbüchse kleine Vögel aus großer Ferne. Er hieß Bormann, war in seiner Jugend Offizier in österreichischen Diensten und hat einen merkwürdigen Lebenslauf gehabt. Er trug einen langen schwarzen Rock, von oben bis unten zugeknöpft, etwas eng, so daß seine schöne Gestalt sichtbar wurde. Auf dem Kopf trug er vom nämlichen Zeug eine Art Kapuze, die ihm sehr malerisch stand. Er war gleich bereit, mir zu sitzen, wo ich dann auch eine recht ähnliche, ausgeführte Zeichnung nach ihm [machte].

54

… [Wir kamen] auf das Schlachtfeld von Hanau, durch den Lamboi Wald, nach Langenselbold. Balde hatte mich bis dahin begleitet, und wir verabreteten uns, nach 14 Tagen in Soden bei Saalmünster bei der Familie Duperé zusammenzukommen. Nun ging ich bei Lerchengesang an der Roneburg vorbei durch schöne Wiesen, Täler und Wälder nach Büdingen, ein schönes Städtchen mit alten gotischen Toren und liegt von Bergen eingeschlossen sehr warm. Nur nach Süden eröffnet sich ein schönes grünes Wiesental, wo Störche friedlich herumspazierten. Ich sah mich im Städtchen und der Gegend um, blieb die Nacht über da, weil ich etwas Kopfweh hatte. Von da wurde der Weg ungleich, bergig und kälter.

Birstein im Mai 1820. In Birstein freuten sich meine Verwandten über meine Ankunft. Ich bewohnte das Bibliothekszimmer von meinem alten Vetter, worin ich vor 5 Jahren mit Denhard schon einmal ein paar Tage gehaust hatte. Aber bei den 2 alten Leuten war alles unverrückt noch an der alten Stelle. Da standen in den Ecken noch die altmodischen Stahldegen mit Kettengehänge, einer zur Trauer blau angelaufen, eine Klinge ging gar nicht mehr heraus, die andere hatten große Rostflecken, und 3 bis 4 kleine, 3eckige, schwarzseidene Hütchen, womit er an Hof ging und unter dem Arm getragen wurden. In einem alten Bücherschrank mit großen Folianten hing auch seine Hofuniform, dunkelblau feines Tuch mit hellblau Kragen und Aufschlägen von Sammet mit Goltstickereien. Mein großes Bett mit Himmel und großblumigen Cattunvorhängen war schneeweiß reinlich und das feinste Linnen.

Mein guter Vetter, der gut und gern einige vierzig Jahre älter als ich war, war nach dem alten Schnitt, hatte feine Manieren, leuchtete mir jeden Abend selbst mit dem Licht in der Hand auf mein Zimmer, frug mich sehr ängstlich, ob ich alle Bequemlichkeit fände, reichte mir die Hand und sagte: „Bon soir, mon cher cousin“. Morgens präzis um 7 Uhr kam er langsam die Treppe herauf, klopfte sehr leise an der Türe, kam dann zu mir, wieder die Hand reichend sagte er: „Bon jour, mon cher chousin, avez-vous bien dormi?“

Der alte Herr Vetter war ein großer, hagerer Mann, faltenreiches, verständiges Gesicht, tiefliegende, dunkle, gescheute, aber sehr freundliche Augen, einen edlen Knochenbau im Gesicht, hohe Stirn, ein wenig Glatze, aber große, weiße, volle Locken, die malerisch um den Kopf hingen. Er trug einen blumigen, ungeheuer langen Schlafrock, großen Chabon und lange gestickte Manschetten an den Händen. Der Schlafrock schien auch schon ein hohes Alter erreicht zu haben, war aber sehr reinlich und nirgends geflickt, zum Schluß gelbe Pantoffel. Er rauchte und schnupfte nicht; er schnuffelte mit der Nase und sagte: „Ach, Herr Vetter, Sie rauchen!" Er mochte wohl an seine Bücher und Uniform denken, die den fatalen Geruch annehmen würden, und den Abend noch waren die kleinen Hütchen und die Uniform weg. So gingen wir regelmäßig eine 1/4 Stunde in der Bibliothek auf und ab, dann zum Kaffee, wo ich dann immer zuerst aus der Türe gehn mußte.

Seine Frau war einfach gekleidet, hatte ein Spitzenhäubchen auf, altmodisch, so wie man es auf holländischen Bildern sieht. Sie war klein, wohlwollend und freundlich und frug jeden Morgen: „Lieber Vetter, was essen Sie dann gern?" u. d. g. Mittags und morgens hatte sie immer etwas gebacken zum Kaffee, Kuchen, Waffeln und zum Nachtisch oft Apfelschnitten. Ihr Gesicht war mehr rund, hatte schöne freundliche Augen, sonst weiter nichts Ausgezeichnetes darin. Ich habe sie beide gezeichnet für ihre Tochter[25], die in Frankfurt verheuratet war und einen Lehrer beim Gymnasium zum Mann hatte. Diese Tochter war sehr gut, verständig und höchst gebildet und meist in Gesellschaft der Fürstin.

Birstein liegt sehr malerisch wie auf einem Felsen, aber überall bewachsen und mit herrlichen Eich- und Buchwaldungen umgeben, klare, brausende Bäche fließen vorbei, und meinem guten Vetter war sehr angelegen, mir die Waldpromenaden und Anlagen, gerade und krumme reinliche Wege zu zeigen. Überall waren kleine Brücken von Baumstämmen, und wenn er mich darüberführte, hielt er einen Augenblick und sagte mit vieler Wichtigkeit: „Mon cher cousin, un petit pont de communication." Wo er es anbringen konnte, nannte er alles französch. Da kam er freilich bei mir an den Unrechten; aber er liebte die französche Sprache leidenschaftlich, studierte sie sein ganz Leben lang und soll ungeheure Manuskripte haben, die er darüber geschrieben, aber

Auguste Luise Poppelmann. Bleistiftzeichnung. 1820

nie hat er, soviel ich weiß, etwas herausgegeben und das Ende
vom Lied wird sein, daß Zuckerduten daraus gemacht werden.
Nach ein paar Tagen aber langweilten mich seine Spaziergänge
über die Maßen, und ich ging mit meinem Buch in aller Früh
zum Zeichnen und ließ Kaffee und Frühstück im Stich, setzte
mich in den Wald und zeichnete.
Das alte Schloß lag sehr malerisch, von hohen Baumgruppen
umgeben, vor mir, und ich fing eine Zeichnung an. Auf einmal
sah ich drei schwarz gekleidete Damen aus dem Schloßgarten
auf der Wiese am Bach spazierengehn. Ich dachte gleich, daß es
die Fürstin mit ihren Kindern sei, da der Hof wegen dem Tod des

25 Henriette Solomé, geb. Poppelmann.

Fürsten in Trauer war. Da ihr Weg sie näher zu mir führte, wollt ich sie nicht stören und machte mich ungesehn weg.

Mein Vetter sagte mir, ob ich mich der Fürstin nicht wolle vorstellen lassen. Ich lehnte es ab, zumal da ich auch nicht die gehörigen Kleider bei mir hätte. Wie er mittags von Tafel kam, sagte er, die Fürstin hätte geäußert, es würde mir vielleicht lieb sein, wenn ich ihre Bilder und Zeichnungen sehn könne. Er habe ihr aber gesagt, ich sei in Reisekleider, wo ich nicht wagte zu erscheinen. Den anderen Mittag kam ihr Kammerherr, Regierungsrat (ich glaube von Buttlar hieß er), war sehr verbindlich, und die Frau Fürstin ließ mich zum Tee um 6 Uhr einladen. Ich könne kommen, wie ich wäre. Was war zu machen? Ich mußte wohl, wenn ich nicht den alten Vetter in die größte Verlegenheit setzen wollte. Wie der Herr Regierungsrat wegging, hörte ich, wie der Herr Vetter ihn auffing und frug: „Geht mein Vetter hin?" Als der „Ja" sagte, „Ah, bon! Ah, bon!" rief der Alte aus. Die alte, freundliche Cusine kam die Treppe herauf: „Ach, lieber Vetter, gehn Sie doch ja zur Fürstin, die zeigt Ihnen schöne Bilder." Und sie war gar zu froh, wie ich ihr sagte, ich ginge hin.

Die Magd holte gleich meine Kleider und Stiefel und arbeitete sich im Hof mit herum, daß ihr der Schweiß vom Gesicht lief, und der Herr Vetter kam wohl 10mal die Treppe herauf und frug mich, ob ich was von Weißzeug brauchte, und hatte Halstücher, Westen und allerlei auf dem Arm. Dann hatte er wieder Ängste, ich würde die Zeit versäumen, und er hielt es gewiß für eine Todsünde, ein paar Minuten später zu kommen. Es war zum Totlachen, wie er mir immer die Uhr zeigte und hinzusetzte: „Soundsoviel Zeit haben sie noch, dann ist es 6 Uhr!" Ich war bald fertig, knöpfte meinen altdeutschen schwarzen Rock von oben bis unten zu, tat eine schwarze Halsbinde um, nahm meine Mütze und ging ins Schloß.

Ein Heiducke, ein himmellanger Kerl in roter Kleidung mit Silberschnüren, empfing mich, führte mich ins Vorzimmer, wo ich einen ziemlich alten Mohren in Livree, die Klinke von der Türe in der Hand, stehend fand. Er machte mir auf, und die 3 in schwarz Samt gekleideten Damen saßen auf dem Sopha. Ein alter, wackeliger, etwas gebückter Hofmarschall[26], untertänig und ewig lächelnd, stellte mich vor. Die Frau Fürstin war sehr artig,

Friedrich Christian Poppelmann. Bleistiftzeichnung. 1820

sagte dann, auf eine blasse kränkliche Dame zeigend: „Das ist
meine Tochter", und auf eine andere, „das ist meine Nichte, die
Gräfin von Wächtersbach." Sie sprach dann allerlei von Cassel
und frug mich, wie mir hier die Gegend gefalle und dergleichen.
Dann setzte sie sich wieder aufs Sopha, die Prinzeß und die Gräfin auf Stühle um den Tisch, und lud mich ein, auf einen neben
ihr stehenden Stuhl mich an Tisch zu setzen. Sie legte eine Mappe mit Originalhandzeichnungen von H. Vernet auf den Tisch,
und die wurde besehn. Die Zeichnungen waren vortrefflich, und
höchst intressant, so viele teils in Skizze teils ausgeführt zu sehn.
Es wurde sehr lebhaft alles besprochen. Der alte Hofmarschall

---

26 Louis Baron v. Haacke.

Ansicht von Schloß Philippsruhe. Bleistiftzeichnung. 1820

stand noch auf seiner Stelle und ging manchmal ein paar Schritte auf und ab. Da sagte die Fürstin: „Ach, Herr Hofmarschall, Sie gehn wohl gern nach Haus, tun Sie es doch." Er machte ein ungeheures Compliment und entfernte sich. Die Fürstin und die zwei andern Damen lächelten, wie der Hofmann abging, und die Fürstin sagte: „Was soll der alte Mann hier tun!"

Die Frau Fürstin schien mir so 50 Jahre alt zu sein, war noch schön, besonders schöne blaue Augen. Sie war sehr freundlich und liebenswürdig und war in der Kunst unterrichtet und sagte: „Morgen sollen Sie auch unsere Arbeiten sehn unter der Bedingung, daß Sie offen Ihre Meinung sagen."

Die Prinzeß sah wohl älter aus, als sie war. Sie war nicht schön, eine große Nase und keine Spur von Farbe in dem etwas langen Gesicht. Wie eine Ahnfrau kam sie mir vor. Sie war höchst gebildet, sprach so sanft, so angenehm, daß es eine Freude war, sich mit ihr zu unterhalten, dabei in allem so bescheiden, so anspruchslos.

Die 3t., die Gräfin Auguste von Wächtersbach, war eine schöne Erscheinung, vielleicht 20 Jahre alt, ihr blühendes Gesicht sehr anziehend, lebendige, sprechende dunkle Augen, dunkle, große Locken. In dem schwarzen Samt hob sich ihr tadelloser Wuchs noch mehr heraus; sie war schlank und voll gebaut, schöne

Hände, Füße, Zähne und ein Mund zum Küssen, und wenn die Fürstin sie etwas frug und sie sonst sprach, wurde sie über und über rot im Gesicht.

Das Zimmer war gewölbt, eine Art Gartensalon. Die Türen führten in ein Gärtchen, wo in grünen Kästen große Hortensien blühend standen und eine Menge Blumen, auch Orangen- und Lorbeer- und Granatbäume. Aus dem Gärtchen sah man in das tiefe, grüne Tal, mit Wälder umgeben, eine reizende, mehr wilde Gegend, was mir besonders gefiel. Es war recht allerliebst in der Gesellschaft. Am besten gefiel mir die schöne Gräfin. Wir sprachen und besahen bis 1/2 9 Uhr Kunstsachen. Beim Aufstehn sagte die Fürstin: „Morgen wollen wir andere Sachen betrachten, und Sie sind auf jeden Abend eingeladen. Es soll mich freuen, alles, was ich von Kunst habe, mit Ihnen durchsehn und besprechen zu können. Es ist jetzt bei uns sehr still, meine Söhne sind auf der Universität."

Meine Verwandten waren sehr erfreut über die Freundlichkeit der Fürstin und daß es mir dort so wohl gefallen habe. Den andern Tag nach Tisch machte der gute alte Vetter wieder einen Spaziergang mit mir. Wir gingen an ein Eisenbergwerk, wo auch das Eisen verarbeitet, geschmolzen und Sachen daraus gegossen werden. Übrall war er bekannt, und die Bauern, Holzhauer und wer uns in Wurf kam, begrüßte ihn sehr ehrfurchtsvoll.

Den Abend hatte die Fürstin wieder eine Mappe, aber mit alten Handzeichnungen, italienische, Niederländer, französche und deutsche. Es waren sehr schöne und gute Sachen dabei, aber auch manche mußte ich ihr als Copie oder nicht gut bezeichnen, worüber sie gar keine große Freude hatte. Die gute Prinzeß kam, so schien es mir, manchmal in Verlegenheit, wenn mir Zeichnungen, die allen gefielen und auf die sie großen Wert zu legen schienen, gar nicht gefielen und ich sie sogar für Copien erklärte. Die Fürstin sagte etwas ärgerlich: „Warum waren Sie dann mit der ersten Mappe so zufrieden?" – „Ja, Ew. Durchlaucht", antwortete ich, „die waren alle vortreffliche Originale von Vernet! Aber hier kann ich doch unmöglich Copien für Originale erklären!" – „Aber Herr Grimm, alle die, welche die Zeichnung [gesehn], die Sie als Copien erklären, haben sie wirklich für Originale gehalten. Wirklich alle, die sie noch gesehen." Ich sagte ihr, das tät mir leid, ich könnte es nicht. Sie lächelte hierauf, holte aber nichts mehr zum Sehn und ließ mich auch nichts von ihren eignen Arbeiten sehn, wie sie gestern versprochen hatte. Ich ging heute früher weg wie gestern.

Den andern Tag ließ mir die Fürstin sagen, wenn es meine Zeit erlaubte, ob ich nicht eine Stunde früher wie gewöhnlich kommen könne. Ich ging also um 1/2 5 Uhr schon hin. Der Herr Hofmarschall war auch da, und wir gingen ins Treibhaus. Ich war natürlich der letzte und am nächsten bei der Gräfin, und da die Wege oft so waren, daß nur 2 und 2 gehn konnten, so hatte ich Gelegenheit, mit ihr zu sprechen, was sehr gut ging, da die Prinzeß Blumen betrachtete und die Fürstin mit dem Hofmarschall zu sprechen hatte. Die schöne Gräfin frug mich, ob ich früher in Birstein gewesen, wie lange ich noch hier bliebe. Ich hätte neulich im Wald gezeichnet, aber wie sie mit ihrer Tante und Cousine mir näher gekommen, wäre ich weggegangen. Ob ich nicht einmal mein Zeichenbuch mitbringen wolle. „Ihre Verwandten hier sind sehr liebe Leute. Er ist noch ganz nach der alten Art, will immer französch sprechen, aber er ist sehr gelehrt", sagte sie. Dann fuhr sie fort: „Es ist sehr still hier. Wir würden größere Spaziergänge machen, aber die Prinzeß ist zu kränklich. Sie sehn ja, wie elend sie aussieht. Es ist gar zu traurig, sie kann nichts aushalten, selbst das Zeichnen strengt sie an." – „Die Frau Fürstin hat mir ja versprochen, mir all ihre Zeichnungen zu zeigen", frug ich. „Ich weiß nicht, warum sie zurückhält", sagte sie lachend, „ich glaube, sie fürcht sich vor Ihrem Urteil." – „Bekomme ich auch Ihre Zeichnungen zu sehn?" – „Ach Gott bewahre, ich kann ja nichts." Dann sagte sie, sich besinnend: „Gut, Sie sollen alles sehn." Sie wurde im Gespräch als ganz lebendig, nahm aber, wenn die Fürstin hersah, ihre ernstere Haltung wieder an.

Nun wurde wieder ins Schloß zurückgegangen, der Hofmann wurde entlassen, und die Fürstin sagte: „Wir wollen auf die Bibliothek." Wir stiegen eine Wendeltreppe hinauf. Der schönen Gräfin, die vor mir ging, war das Gehn zu langsam. Sie blieb dann stehn, bis sie etwas Raum vor sich hatte, und sprang dann leicht die Treppe hinauf. Wir kamen in einen großen altertümlichen Saal, wo Jagdspiele getrieben worden waren. Da waren Hirschgeweihe, Jagdbilder an der Wand in gewirkten alten Tape-

Joseph Görres.
Bleistift-
zeichnung.
1815

ten. Auf dem Boden standen hölzerne Hirsche, Eber und derg.,
die fortgerollt werden konnten und eine Scheibe am (Blatt)
Brust hatten, wonach gezielt wurde. Es mag vor Zeiten hier toll
hergegangen sein, denn der Boden, Tapeten und Möbel waren
stark mitgenommen. Von da gingen wir noch durch mehrere
Zimmer und Säle mit Stuckarbeit, wo Bildnisse aus dem Haus
Isenburg hingen, dann in die schöne, helle Bibliothek, die mein
Herr Vetter in schönster Ordnung hielt. Ich mußte eine Leiter er-
steigen und Folianten aus dem Gefach tun, die ich herunterreich-
te und von den Fürstlichkeiten und der Gräfin abgenommen
wurden. Es mochten wohl 12 große Bände sein. Den Damen ihre schwarzsamten Ärmel wurden aber sehr staubig. Die Fürstin
packte 2 Bände auf den Arm, die Gräfin 2, ich 3, die Prinzeß keinen. Damit wurde in den Gartensalon gegangen. Es war sehr
schön von der Fürstin, daß sie die Gräfin und mich ersuchte, die
andern 5 Bände noch herunterzuholen. Ich würde mich gar nicht

übereilt haben, aber leider hatten wir den Jagdsaal kaum durchgangen, so erschien die Frau Fürstin selbst wieder und sagte: „Herr Grimm, ich will Ihnen ein Buch mitgeben, es ist eine Reisebeschreibung von Italien. Da Sie vor einigen Jahren selbst dort waren, wird es Sie intressieren. Es ist allerliebst geschrieben." Ich hätte lieber den Eulenspiegel gelesen als so eine Reisebeschreibung. Da sie mich aber nicht frug, ob ich Reisebeschreibungen gern lese, mußte ich das Buch wohl mitnehmen. Sie gab mir noch ein Buch mit Holzschnitten, was ich sah, und legte die 5 Bände zurecht, 1 für sich, 2 für die Gräfin und 2 für mich. Die Fürstin ging mit ihrem schon voraus. Ich nahm schnell 1 von der Gräfin weg und trug ihn noch. Sie merkte die Aufmerksamkeit und sagte leise: „Ach, Sie haben zuviel" und wollte weitersprechen, da drehte sich die Fürstin in der Türe um und sagte sehr langsam: „Ach, die Victoire (die Prinzeß) ist heute gar nicht wohl, wir müssen sie zerstreuen." Unten wurden die Bücher besehn, es waren Galerien in Kupfer. Die Gräfin machte den Tee zurecht, brachte jedem die Tasse und Backwerk und setzte sich dann auch wieder zu uns, an einer Stickerei arbeitend. Sie sprach am wenigsten, gab es aber etwas zum Lachen, lächelte sie am längsten, und ihre schönen Augen waren sehr lebhaft. ...

Diese Unterhaltungen, worin ich meist nicht der Meinung der Frau Fürstin war, wurden manchmal unterbrochen. Da kam ein Rat oder Sekretär, der sich zuvor erst hatte anmelden lassen, mit Vorstellungen in der Hand. Die Fürstin ging die Schriften durch und sagte nachher: „So, die 2 wollen heuraten, ich habe nichts dagegen", und unterschrieb. Was doch das schön ist, daß die bloße Unterschrift Leute glücklich machen kann, dachte ich bei mir. Die edle Prinzeß sagte nachher: „Es freut mich doch ungemein, daß die armen Leute, die so lange warten mußten, ehe sie so viel hatten, daß sie heuraten konnten, endlich so glücklich sind." Man sah ihr die Freude im Gesicht an. Die Gräfin schwieg still und blickte bei der Heuratsverhandlung kaum von ihrer Arbeit. Die Fürstin erließ dann noch andern Strafen u.d.g., dann ging der vortragende Rat wieder ab. ...

Immer regelmäßig kam der gute alte Vetter noch morgens, und ich mußte ihm von der Kunstgesellschaft bei der Fürstin erzählen, und es machte mir Freude. Da sagte er: „J'en suis vraiment enchanté." Nun gingen wir zum Frühstück, wo es einen Tag wie den andern herging und auch fast das nämliche gesprochen wurde. Dann ging ich wieder auf meine Stube, zeichnete etwas oder spielte mit zwei allerliebsten Kätzchen, die ich auf meine Stube gewöhnt hatte, die die schönsten Bewegungen und Sprünge machten. Um 10 Uhr hörte ich den H. Vetter heraufkommen. Er klopfte an, machte langsam auf und sagte, den Hut und sein langes spanisches Rohr mit goldnem Knopf in der Hand: „Mon cher cousin, profitons de ce beau temps pour aller jouir un peu de l'air de la campagne." Ich wußte, daß mich der Vetter wieder die langweiligen Spazierwege führen wollte, wo er sich dann manchmal auf Bänken von Birkenstämmen ausruhte und mit seinem spanischen Rohr französch in den Sand schrieb, aber ich ging doch mit, um nicht unhöflich zu sein.

Er sagte: „Mit dem lieben Cousin Carl (meinem Bruder) habe ich immer französch gesprochen, aber Sie, lieber Cousin Ludwig, scheinen es nicht gern zu tun." – „Lieber Herr Vetter", sagte ich, „ich kann sehr wenig Französch, habe auch nie Neigung und Last gehabt, die Sprache ordentlich zu erlernen. Ich höre lieber Deutsch." Da machte er ein langes Gesicht, stützte sich mit dem Kinn auf sein spanisches Rohr und sagte unendlich wehmütig: „Das tut mir ja sehr leid." Ich hätte mögen laut auflachen, aber der gute alte Mann wurde so betrübt und traurig über meine schreckliche Äußerung, daß ich mich zurückhielt. Über Kunst war gar nicht mit ihm zu sprechen, und die einzigen Kunstwerke, die in seinem Zimmer hingen, waren zwei Silhouetten. Endlich stieg er auf, und er schien noch erschüttert durch mich Barbaren zu sein, und ich dachte, er würde sich nun auch enthalten französch zu reden, aber „rentrons chez vous!" sagte er doch. Ich war es wohl zufrieden, denn es war sehr warm und schwül, und ich glaubte, es würde ein Gewitter geben. „Oui, nous aurons sûrement de l'orage, car le ciel est couvert." So kamen wir ohne viel zu sprechen nach Haus.

Ich durchblätterte die Reisebeschreibung von Italien, legte sie aber wieder hin, machte mir eine Pfeife an und rief die 2 Kätzchen und erfreute mich an deren Sprüngen. Ich wäre sehr gern nach Steinau, aber die Zeit war zu kurz. Der Denhard hätte mich dann länger festgehalten. Ich schrieb ihm also, er möge so bald wie möglich hierher kommen. Ich wäre hier schon längst wieder weg, aber der Kunstgenuß bei der Fürstin, besonders die schöne Gräfin waren schuld, daß ich an meine Abreise noch nicht denken mochte. Den Tag über hatte ich oft die größte Langeweile, besonders bei Regenwetter. War es klar, machte ich mich in den Wald und zeichnete. ...

Den andern Morgen war zwar schön Wetter, aber sehr kühl. Ich machte allein eine weite Partie in den Wald und fand allerlei schöne malerische Sachen, Felsen, Baumgruppen zum Studium für einen Landschaftsmaler genug da. Abends, wie ich ins Schloß kam, sagte die Fürstin: „Wenn Sie nach Langenselbold kommen, sehn Sie doch meine Gemäldesammlung im Schloß [an] und bemerken Sie sich, was Ihnen am besten gefällt. Es wird mich freuen, wenn Sie mir's dann mitteilen wollen. Sie haben gestern ein starkes Gewitter hier erlebt, wir in Langenselbold gar nicht. Ja, hier in den bergigten Gegenden wird man als, ohne daran zu denken, schnell davon überrascht." Ich mochte doch nicht sagen, daß ich das ganze Gewitter verschlafen, und schwieg still davon. Sie fing auch gleich an und sagte: „Wir wollen jetzt in unser Arbeitszimmer. Was werden Sie zu unsern Zeichnungen sagen?" ...

Den andern Tag hatte der Vetter Poppelmann die Fürstin gesprochen. Als ich ihn nachher sprach, machte er erstaunlich kleine, freundliche Augen: „Die Frau Fürstin hat sich sehr lobend über Sie geäußert, mon cher cousin! Sie hat auch gesagt, man wüßte bei Ihnen, woran man wäre", und es würde ihr sehr lieb sein, wenn ich von Zeit zu Zeit ihre Arbeiten sehn könnte.

Ich hätte der schönen Gräfin so gern etwas Angenehmes über ihre Zeichnung sagen mögen, es war aber nicht möglich, so schlecht war sie. Ihre Handarbeit, wo sie in bunten Farben arbeitete, wickelte sie jedesmal zusammen und steckte sie lachend unter das Kissen, wenn sie den Tee zurechtmachte. Ich erwischte es aber doch einmal, machte es auf und besah es. Sie wollte es nicht wegnehmen, sagte nur: „Ach nein!" Es war übrigens schön gearbeitet, was ich ihr sagte. Sie antwortete: „Ach, Sie sind mit nichts zufrieden, und nichts gefällt Ihnen!" – „O", sagte ich, „Sie tun mir sehr unrecht, ich könnte Ihnen doch etwas nennen, was mir ausnehmend gefällt, ich darf es Ihnen aber nicht sagen." – „Auch etwa eine Landschaft?" – „Nein, gnädige Gräfin, ein Bildnis." –

August Freiherr
von Haxthausen.
Federzeichnung

August freiherr von Haxthausen,
berühmter Reisender im Kaukasus, Geschicht=
und Sprachforscher etc etc

„Von van Dyck?" – „Nein, besser." – „Von Tizian?" – „Viel besser
ist's gemalt, es ist wie lebend." Sie mochte wohl gemerkt haben,
wen ich meinte; sie frug befremdet, in welcher Galerie ich das gesehn habe. „Hier im Schloß", sagte ich. Das war ihr deutlich. Da
beschäftigte sie sich schnell mit dem Tee. ...
Den Mittag spazierte der Vetter wieder ins Schloß. Er sah sehr
antik aus. Die Uniform paßte ihm gar nicht, überall waren Falten,
so auch in den Beinkleidern und seidenen Strümpfen. Er ging etwas gebückt mit dem kleinen Hütchen unter dem Arm, mit der
linken Hand hatte er den Griff des Stahldegens gefaßt, der ganz
horizontal hing. Er ging sehr ängstlich und suchte die saubern
Stellen auf. Die gute alte Cousine stand in der Haustüre und gab
acht, ob ihm nichts passiere, und sah ihm solange wie möglich
nach. Es war ordentlich rührend!
Drei Wochen waren herum. Ich wollte Ende Mai wieder in Cassel sein, um an ernstere Arbeiten zu gehn. Wenn es auch beim

guten Herrn Vetter oft sehr langweilig war, so wurde ich durch die intressanten Kunstabende bei Hof dafür entschädigt, und die Gesellschaft der schönen Gräfin von Wächtersbach war eine Hauptursache, daß ich ein Tag nach dem andern zusetzte. Auch war die Gegend von Birstein malerisch und romantisch. Mit Balde in Hanau hatte ich verabredet, uns bei der Familie Duperé, die in Soden bei Salmünster wohnte, uns zu treffen.

Mein Zeichenbuch nahm ich mit. Ich hatte die Gräfin versucht zu zeichnen, und es war Ähnlichkeit hineingekommen, und [ich] wußte nicht, sollte ich das Blatt herausschneiden oder im Buch lassen.

Da aber so viele Blätter los werden, wenn eins herauskommt, so ließ ich's drin, zeichnete ihr aber eine altertümliche Kleidung und ein altdeutschen Hintergrund mit Bergen, Burgen und dergleichen, skizzierte einen Rahmen in altem Geschmack dazu, so daß es aussah, als wenn es nach einem alten Gemälde gezeichnet wäre. Die Fürstin sagte: „Schön, daß Sie Ihr Buch nicht vergessen haben. Nach der Promenade betrachten wir's." ... Die Fürstin schlug noch einmal das Bild der Gräfin auf und tat die Frage: „Haben Sie das hier aus der Idee gezeichnet?" – „Ja, Eure Durchlaucht, neulich, wie das starke Gewitter war, wo ich nicht ins Freie konnte." – „Die Phantasie der Künstler ist doch immer mit etwas beschäftigt, die träumen nur, von was sie Lust haben zu träumen, sie sind zu beneiden."

Die Prinzeß ging in ein anderes Zimmer, die Fürstin ging an die Glastüre und sagte: „Es regnet wieder stark, das Wetterglas ist auch wieder mehr gefallen." Sie machte das Fenster auf und sprach mit dem Gärtner. Die Gräfin sah auch zum Fenster hinaus, kam aber gleich wieder zurück und sagte: „Bei solchem Wetter können Sie doch nicht abreisen! – Träumen Sie lieber noch hier!" – „Was helfen mir wohl die schönen Träume, die nicht zur Wirklichkeit werden –!"

Die Prinzeß brachte noch ein Buch, worin Rheinansichten waren. Ich habe für meine Person stets eine große Langeweile bei Betrachtung der Rheinansichten gehabt, während sie von der ganzen sogenannten gebildeten Welt bewundert werden. Sie sind mir immer wie sich wiederholende schöne Decorationen vorgekommen, alle haben Ähnlichkeit miteinander. Wenn ich an

Tirol und Graubünden denke, das ist was anderes. Aber das Buch wurde ruhig von Anfang bis ans Ende durchgesehen, und ich war nur froh, daß man mich nicht um meine Meinung darüber befragte.

Die Fürstin frug, ob ich wirklich morgen abreise, und ob ich dann gedächte, bald wiederzukommen. Ich erwarte einen Brief, vielleicht morgen mittag, vielleicht auch übermorgen früh, und ich hoffte, bald einmal wieder hier zu sein und auf längere Zeit. „Wenn Sie das einrichten könnten, das wäre schön", setzte sie hinzu.

Den andern Tag schrieb mir Balde, daß er mich Sonntag in aller Früh in Soden erwarte. Ich ging also zum letztenmal ins Schloß. Der Mohr machte mir die Gartensalontüre auf. Niemand war noch da. Nach ein paar Minuten kam die Gräfin herein. Die Gräfin sagte sehr schüchtern: „Ach, geben Sie mir doch die Zeichnung mit dem Bildnis, was Sie aus [der] Idee gezeichnet haben, für meine Sammlung." Die könnte ich ihr nicht geben, aber jede andere, die sie nur wollte, antwortete ich ihr; die andern wären ja auch nach der Natur, aber diese nur aus dem Gedächtnis gezeichnet, aber sie wäre mir lieber als alle andren darin. Sie stand unbeweglich still, reichte mir die Hand und sagte bewegt: „Dann behalten Sie sie." Die Türe knarrte, und die Fürstin kam mit der Prinzeß herein. Die Gräfin stand noch unbeweglich und arbeitete an ihrem Strickmuster und war sehr einsilbig. Die Fürstin sagte: „Sehn Sie, es ist gut, daß Sie geblieben sind. Morgen bekommen Sie schön Wetter."

Nun erzählte sie von der Dresdner Galerie, natürlich, wie gewöhnlich, zuerst von Corregio seiner „Himmlischen Nacht", dann der Raphael'schen Madonna usw. Ich mußte von der hiesigen Galerie arzählen, und wir disputierten oft zusammen, und wo ich glaubte recht zu haben, da hielt ich fest.

Beim Aufstehn sagte die Gräfin: „Wollen Sie den Weg gehn, den ich Ihnen beschrieben habe?" – „Auf jeden Fall gehe ich den." Die Fürstin sagte: „Es ist noch manches zu besehen, wenn Sie wiederkommen. Hier gebe ich Ihnen ein Brief mit an die Frau Beschließerin in Selbold, dann können Sie ruhig die Galerie besehn." – „Reisen Sie recht glücklich!" sagten alle. Der schönen Gräfin ihre Augen waren sehr freundlich.

Ich ging langsam zum guten Vetter und dachte, es ist vielleicht gut, daß du jetzt weggehst. Bliebst du länger, würde es dir schwerer ankommen, und der ganze Sommer ginge vorüber, ohne an eine ernste Arbeit zu kommen. Das waren doch 3 schöne Wochen.

Der gute Vetter sagte: „Ich freue mich doch, mon cher cousin, daß Sie so lange bei uns ausgehalten haben! Wie Sie das erstemal da waren, wollten Sie den [selben Tag wieder] weg."

Den andern Morgen war [überhaupt keine] Wolke am Himmel, und kein Lüftchen rührte sich. Ich nahm von [meinen Verwandten] Abschied, auch mit dem Versprechen, bald wiederzukommen. Im nächsten Wald standen herrliche Maiblumen. Ich band mir ein Strauß und setzt mich oben auf einen Hügel, wo ich das Schloß und einen Teil von Birstein noch übersehn konnte. Dann sagte ich der geheimnisvollen Gegend Lebewohl und ging den von der schönen Gräfin mir bezeichneten Weg sehr langsam weiter. Es war noch früh. Die Lerchen sangen fröhlich in der Luft und die Amseln im Wald, und das nahe und ferne Geläute der Sonntagsglocken machte den Morgen sehr feierlich. Ich setzte mich auf einen Abhang und betrachtete die Gegend ringsum. Einzelne Leute, die in die Kirche wollten, gingen mit einem „Gun Morn" (Gute Morgen) an mir vorüber, auch ein Bauernmädchen im Sonntagsanzug. Es blieb bei mir stehn, hatte ein Zettel und sagte, ob ich so heiße: „Ludwig Grimm" stand darauf. Ich frug das ältliche Bauernmädchen, ob es nicht lesen könne. „Nein", sagte es. Es tat aus seinem Körbchen ein Papier, das gab es mir. „Von wem ist das?" frug ich. „Das weiß ich nicht", antwortete es. Ich öffnete ein wenig das Papier und sah eine Rose. „Das freut mich sehr", gab dem Mädchen ein gut Trinkgeld und frug noch einmal: „Wo hast du das Papier bekommen?" [Es] sagte sehr ängstlich: „Im Schloß." Es dürfe es aber nicht sagen. Da ging das Mädchen schnell wieder zurück. In dem Papier lag eine eben aufgegangene wunderschöne Rose centifolie, die grünen Blätter waren mit einem blauen Bändchen zusammengebunden.

So geht's in der Welt, dachte ich, das Beste kömmt immer zuletzt – [Es] war doch auch eine gar reizende Erscheinung, das rechte Bild einer Rose, blühend, still glühend und geheimnisvoll. Es war mir ordentlich wehmütig, wie ich die Rose mit dem blauen

Heinrich Bratfisch.
Bleistiftzeichnung. 1823

Bändchen in der Hand, die so herrlich duftete, betrachtete, und die Lerchen und Amseln machten Musik zu der Stimmung. Es waren keine Dornen an der Rose und ich blieb so lange sitzen und dachte der vergangenen 3 schönen Wochen. Sonderbar, dachte ich, daß so manche teure Bekanntschaft nur wie ein Phantasiebild oder liebliche Geistererscheinung [an] meinen Augen vorübergeführt wird, ohne daß ich die Macht hätte, einen davon festhalten zu können.

Die Rose wickelte ich wieder ins Papier und legte sie in mein Zeichenkästchen. Das zarte Angedenken habe ich noch aufbewahrt mit dem blauseidenen Bändchen.

Ich ging langsam vorwärts, kam auf eine kleine Anhöhe, wo die Trümmer einer alten Warte standen, setzte mich auf den Moos- und wilden Thymianboden, und eine Grasmücke sang mir etwas vor. Der Weißdorn stand in voller Blüte, und der Himmel war so blau wie in Italien. Es war ein köstlicher Morgen. Die

Glocken fingen wieder an zu läuten, die Aussichten waren schön. Ich sah rechts die Spitze von der Kirche in Saalmünster, links einige Dörfer, die in Waldschluchten lagen, und vor mir, zwischen 2 Bergen, das Wunderland meiner Jugendträume. Da sah ich Steinau, aber nur die Kirche und das Schloß, im Glanz der Morgensonne liegen. Wie gerne hätte ich dort sein mögen! Ich war kaum zwei Stunden davon entfernt. Ich konnte die Warten von Marborn und Bellings sehen, die wie weiße Wachskerzen noch aufrecht standen. Nun ging ich bergunter, und am Ende des Bergs sah ich das altertümliche Schlößchen, welches die Familie Duperé in Besitz hat.

Soden, das Dorf, wird durch den schönen Kinziggrund von Saalmünster getrennt, welches etwa eine Viertelstunde entfernt gegenüberliegt. Ich sah Damen und Herrn in einem Blumengarten und erkannte Balde dabei. Ich ging also in [den] Garten, Balde stellte mich der Familie vor, die sehr freundlich war. Duperé war ein kleiner, freundlicher Mann, sehr blatternarbig, die Frau lebendig und schöne Augen, die zwei Töchter, die älteste, Minchen, 19, die jüngste, Cornelia, 18 Jahre alt, beide sehr schön von Gesicht und ebenso schön gewachsen. Alle waren natürlich. Minchen hatte blaue, Cornelia sprechende schwarze Augen. Die letztere gefiel mir am besten, sie war sehr munter, oft ausgelassen, und seit einem 1/2 Jahr die Braut eines Mannes aus Danzig.[27]

Nach Tisch wurde ins Kloster nach Saalmünster gegangen, die Mutter blieb zu Haus. In der Kirche wie im Kloster war gar nichts Intressantes zu sehn. Im Kloster sah es ungewöhnlich schmutzig aus, nur daß die Mönche schöne Blumen vor den Fenstern hatten und der Garten in Ordnung war. In der Küche saßen ein paar Mönche und backten eine Art Kuchen, der eine hielt die Pfanne, der andere rührte den Teig hinein, beide hatten dumme, rote Köpfe, und es war nicht sehr appetitlich da. Auch sah ich keinen von den Mönchen, wo es der Müh lohnte, ihn zu zeichnen. Wir gingen wieder in den schönen Wiesengrund, dann nach Haus in den Blumengarten bis zum Abend.

Duperés Haus war alt, von Stein und gotisch, kleine Fenster, Erker, aber angenehm und wohnlich (soviel ich weiß, gehörte das Schlößchen denen von Hutten, die in der Gegend ringsum viele

Die Mutter des Künstlers. Dorothea Grimm, geb. Zimmer.
Zeichnung z.T. getönt

Besitzungen hatten). Ich wäre wohl gern nach Wächtersbach gegangen, aber die Zeit war zu kurz. Den Abend war es recht fröhlich in der Gesellschaft und die Töchter sehr musikalisch.
Den andern Tag gingen wir weg, die Familie begleitete uns noch
bis nach Saalmünster. Von da nach Gelnhausen, wo ich noch einmal nach dem Barbarossapalast ging, mich auf die Mauer setzte
und meinem Traum nachdachte. Nachher zeichnete ich noch
eine Skizze von Gelnhausen.

---

27 Dr. Schlegel.

Hochzeitsreise nach Steinau
(1832)

Vor Pfingsten reisten wir ab, übernachteten in Fulda, nahmen uns einen Wagen und fuhren morgens nach Steinau. Es war ein sehr schöner, heiterer Morgen. Die Lerchen begrüßten uns auf dem Feld. Ich bin mit Entzücken in die Tiefe von Schlüchtern gefahren, wo die Erinnerungen meiner Kinderjahre schon anfangen. Es waren 15 Jahre her, daß ich nicht in Steinau und in die Gegend gekommen war. Freilich vor 12 Jahren, wie ich auf den Trümmern der alten Warte bei Soden auf dem Moosstein saß, um mich her wilder Thymian, alles stand in Blüte, die Grasmücke sang mir etwas vor, und der Himmel war so heiter wie heute, und ich träumte da so schön, ich betrachtete die prachtvolle Rose, die geheimnisvolle Rose von der reizenden Gräfin von Wächtersbach – da sah ich in der Ferne in der Morgensonne das Schloß und die Kirche, wo ich zum reformierten Christentum aufgenommen wurde, glänzen. Ich konnte auch die Wart[en] von Bellings und Marborn sehn. Damals kam ich nicht nach Steinau. ...

Wir fuhren durch Schlüchtern, durch Niederzell und kamen Steinau näher. Es war den ersten Pfingsttag morgens. Wir erblickten zuerst das Schloß und die Kirche, worauf sich die Sonne ruhig verbreitet hatte, und das schöne ernste Glockengeläute rief zum Gottesdienst. Ich ließ langsam fahren und sah mich rechts und links um, wo mir alles so bekannt war wie mein Rock, den ich anhatte. Endlich kamen wir näher und fuhren zum Brückentor hinein, an unserem Haus vorüber und ließen vor dem Gasthaus „Zum Ochsen" halten. Der Herr Wirt Andreas Hufnagel erkannte mich sehr bald, und er führte uns in sein bestes Zimmer. (Andreas Hufnagel war noch der einzige in Steinau von denen, die mit uns zum Präzeptor Zinckhan in die Schule ging[en].)

Nachdem wir etwas gefrühstückt hatten, wurde sich angekleidet, und ich machte mich auf, um zu sehn, ob der Forstassessor Balde hier sei. Meine Frau ließ sich von einem Mädchen die Haare flechten unter der Zeit. Als ich auf einem Nebenweg ins Schloß gelangte, wo er seine Wohnung hatte, und ich nach ihm frug, sagten die Leute, er habe mit seiner Frau seine Mutter in Hanau besucht und würde in einigen Tagen wiederkommen. Ich dachte nun, heute hier zu bleiben, der Marie alles zu zeigen und morgen früh wieder nach Fulda zu fahren. Als ich ins Gasthaus zurückkam, teilte ich ihr meine Meinung mit. Sie sagte: „Lieber Freund, wir können hier keine Nacht bleiben, ich habe die fatale Entdeckung gemacht, daß hier Wanzen sind." Vor denen hatte die Marie, die in allem außerordentlich reinlich war, großen Abscheu und zugleich Angst, sie mit nach Cassel zu bringen. Nach einer Weile wurde der Tisch gedeckt, ein Kalbsbraten, Bouillonsuppe, Gemüse und Zwetschen aufgetragen, alles gut gekocht, und nachdem wir gegessen, sagte ich: „Ich will mir das Pfarrhaus besehn und einmal auf den Kirchenplatz an unsere Schule, wo Zinckhans Wohnung betrachten. Dann wollen wir zusammen in unsern Biengarten, dann wieder wegfahren."

Wie ich am Pfarrhaus war, dachte ich, du willst dir doch die Stube auch betrachten, wo du in die Kinderlehre gegangen bist, stieg die Treppe hinauf und ging zur Türe hinein, wo eine Dame, wie sie mich sah, sich schnell entfernte. Bald darauf kam aber ein Mann, einige vierzig Jahre alt, mit freundlichem, angenehmen Gesicht, hatte einen braunen Frack an und war in Schuh und Strümpfen, woran ich ihn als den Herr Pfarr erkannte. Sein Name war Dr. Pfarr Vömel, reform. Prediger, ein Steinauer Kind. Ich sagte ihm mein Begehren, da ich in Steinau wäre, das Pfarrhaus, wo mein Großvater so lange gewohnt und mein Vater geboren, wieder einmal zu betrachten. Er führte mich mit der größten Freundlichkeit überall herum, frug, wie lang ich hier wollte bleiben. Da erzählte ich ihm den ganzen Hergang, die Ursache, warum wir wieder wegwollten. „O", sagte er, „machen Sie uns die Freude, zu uns zu kommen. Es stehn oben zwei Zimmer leer, die vielleicht Ihr Herr Großvater bewohnt hat, das muß ja für Sie ein Anziehungspunkt mehr sein, einmal im Haus ihrer Voreltern zu wohnen! Nehmen Sie vorlieb mit uns. Wir wollen suchen,

Marie Grimm,
geb. Böttner.
Kreidezeichnung

Ihnen und Ihrer Frau Gemahlin den Aufenthalt so angenehm
wie möglich zu machen. Ich bitte Sie, mit Ihrer Frau Gemahlin
zu sprechen. Vielleicht willigt sie ein, und dann wollen wir zusammen all die schönen Gegenden besuchen."
Ich ging nach Haus und war innerlich erfreut über den schönen
Zufall und dieses herzliche Entgegenkommen. Der Mann war so
einfach und natürlich, und es wäre unrecht gewesen, die Einla-
dung, die auf solche Art geschah, nicht annehmen zu wollen. Ich
erzählte der Marie die Geschichte, die sich auch freute, und kurze Zeit nachher kam der Herr Pfarr selbst, uns abzuholen. Als
wir wieder ins Pfarrhaus kamen, empfing uns die Frau Pfarrin.
Sie mochte im Alter der Marie sein. Sie ist eine geborene Stein,
eine Verwandte von Senator Stein in Frankfurt a.M., mit denen
wir alle bekannt sind. Sie war nicht groß, hatte schöne, lebendige,
freundliche Augen und war sehr munter und sprach echt frank-
furtisch. Sie empfing uns äußerst freundlich, sagte gleich lachend: „Herr Professor, was werden Sie gedacht haben, daß ich,
als Sie ins Pfarrhaus traten, die Flucht ergriff." Wir wurden nun

Tochter Ideke.
Bleistift. 1837

oben in zwei allerliebst reinliche Zimmer geführt, und ich mußte
lachen. Darin stand schon unser Koffer und Reisegepäck, was er
hatte holen lassen. Wir sagten beide unsere Freude über den angenehmen Zufall, und die Marie, die außerordentlich vergnügt
war, sagte: „Was war es doch so gut, daß du den Einfall hattest,
das Pfarrhaus zu besehn! Jetzt wären wir wieder auf der Rückrei-
se, und das wäre doch unangenehm." Nun gingen wir zum Kaffee. Die Frau Pfarrin sagte zur Marie, und reichte ihr dabei die
Hand: „Liebe Frau Grimm, eins aber müssen Sie mir versprechen, nämlich, daß Sie bei uns tun, als wären Sie zu Haus." Die
Leute hatten zwei Kinderchen, eines von 2 und eins von einem
Jahr, und lebten sehr vergnügt. Er hatte oben sein Studierzim-
mer und eine ziemlich große Bibliothek. Er war unterrichtet, erzählte gern und war immer heiter.
Wir 4 machten nun einen Spaziergang an den Pfingstbrunnen,
wo ich nun überall der Marie viel zu erzählen hatte. Es war herr-
liches Wetter, übrall blühte alles. Der Weiß- und Rotdorn und die
Heckenrosen blühten über und über, die Gärten und Wiesen

voller Blumen. Kein Ort meiner Kindererinnerung wurde unbesucht gelassen, alle Begegnisse [!] erzählt. Besonders mußte ich die liebe Marie in den Biengarten führen. Wir setzten uns auf der lieben seligen Mutter ihr Plätzchen. Es war noch alles so, als wenn keine Zeit dazwischen verschwunden wäre. Alles sah noch ebenso aus. Die alten bekannten Obstbäume. Die Abendsonne wie damals beschien die Stadt, der Storch ging mit großen Schritten auf der Mauerwiese. Es schien gar keine Veränderung vorgegangen zu sein. In Gedanken sah ich uns wieder als Kinder da herumspringen und spielen. Und wie viel war doch alles anders geworden. Ich, der jüngste von den Söhnen, saß nun da mit meiner lieben Frau. Die Marie sagte: „Ach, wenn doch die liebe Lotte bei uns wäre, wie würde die sich freuen, denn sie war seit dem Abzug von Steinau nicht wieder dort." Wir gingen in der Dämmrung wieder in das Pfarrhaus, wo uns der Tee erwartete. G. Gottschalk war da. Wir machten uns eine Pfeife an, und der Abend wurde sehr vergnügt zugebracht. Die Marie und die Frau Pfarrin wechselten ab, auf dem Flügel zu spielen.

Jeder Tag wurde zu nahen und weiten Spaziergängen benutzt. Außer ein paar Gewitter war das Wetter fast immer schön. Ich besuchte auch mit der Marie unser ehrliches Kläschen in seinem Haus, meinen treuen Jugendkamerad. Es war aber sehr alt geworden, und der Kopf fing an weiß zu werden. Aber es ging ihm gut, und er besuchte uns dann und wann im Pfarrhaus, wie auch die alte Lies und andere Leute, die den Sohn vom Herrn Amtmann Grimm sehn und sprechen wollten. Dann besuchten wir den Hundsrück, erstiegen den Weinberg. Ich kenne keinen Ort, wo es mir so märchenhaft, so romantisch, so behaglich vorkommt wie in dieser Gegend, ich habe überhaupt den ganzen Kinziggrund lieb, und das wird ja auch jeder natürlich finden. Auch waren wir in Zinckhans alter Schulstube. Der jetzige Schulmeister Zehner sagte mir: „Sehn Sie, auf diesem Platz hat Ihr Herr Bruder vor zwei Jahren[28], als sie hier waren, sich hingesetzt." Wie groß kam mir sonst die Schulstube vor. In der Kirche haben wir uns auch umgesehn. Der Herr Pfarr und ich haben die Blasbälge gezogen und die Marie hat einen Choral gespielt. Auf den 2. Pfingsttag hat der Herr Pfarr Vömel gepredigt, danach 2 Kinder getauft, wo die 2 Mädchen frisiert waren und Kränze auf hatten! Auch waren wir durch den dunkeln gewölbten Gang beim Stadtborn hinter dem Amthaus.

Um alle Einladungen und Gesellschaften zu vermeiden, haben wir das Amthaus sehn wollen, wenn Mühlhausen nebst Frau nicht zu Haus war. Wir haben es aber leider nicht treffen können, haben uns aber im Hof übrall umgesehn. Der Storch hat sein Nest auf der Linde im Biengarten. Und wie er es fertig gebaut hatte, ist ein fremder Storch gekommen und es hat ein Krieg gegeben und das Nest ist leer stehn geblieben und in Steinau ist auch keiner, so ist uns erzählt worden von mehreren.

Den Biengarten habe ich noch unverändert gefunden, nur daß die Bäume über der Hütte groß geworden und im Ganzen nicht mehr die Ordnung herrscht wie bei uns. Wir sind da im großen Gras herumgestiegen und die nehmlichen Blumen stehn noch darin wie vor 32 Jahren. Die Wiese, die wir in Marbel hatten, gehört durch Zufall dem Herrn Pfarr Vömel, was er mir gleich erzählte. Der Doctor Wagner sieht noch so aus wie vor 30 Jahren, wenn er als zur Mutter kam und den Stock unter das Kinn hielt. Ich war mit der Marie bei ihm. Er zeigte uns auch das Spanisch Rohr mit vergoldetem Knopf, was ihm noch der Vater geschenkt habe und welches er all die Jahre im Gebrauch gehabt und bei dem Durchzug der Franzosen gerettet. Bei der alten Heiligern waren wir, die als Dienstmädchen im Amthaus bei der Mutter war. Sie sprach noch von uns, als wenn wir kleine Kinder wären: vom Jacobchen, Wilhelmchen, Jungfer Lottchen usw. Viele Weiber haben mir gesagt: „Ach, wenn wir doch das Lottchen noch einmal sehn könnten!" Die Mänchins Lies[29] ist alt geworden. Das Chathrinche, ihre Tochter, was ich vor 15 Jahren dort gezeichnet und recht schön war, jetzt längst verheuratet ist, sieht so alt [aus], als wie seine Mutter. Die Leute haben zu schwere Arbeiten. Der alte große Hutmacher Klein in der Ziegelsgasse ist vor einigen Jahren gestorben. Er war in gleichem Alter mit dem Vater und sie haben auch zusammen gespielt. Der Sohn erzählte uns viel, was er aus Erzählungen von seinem Vater wußte.

---

28 Ein Besuch der Brüder Grimm in Steinau um 1829/30 wurde nicht ermittelt, wohl aber ein Aufenthalt Wilhelm Grimms im September 1826.
29 Maria Elisabeth (Lies) Amend, geb. Zeller.

Friederike Grimm, geb. Ernst. Als Braut. Bleistiftszeichnung

Dessen Frau hat ein angenehmes, offenes Gesicht. Sie war eine Freundin von dem Lottchen, wie sie mir erzählte. Bei dem Eulerchen oder Kläßchen haben wir in der Tonstube, die voller ungebrannter Töpfe stand, Steinauer Wein und Palisaden verzehrt. Die Leute trinken den Wein zu früh und wissen ihn wahrscheinlich nicht zu behandeln. Aromatisch scheint er mir zu sein. Freilich, ich verstehe nichts davon. Der Baist, Kronenwirt, der alte Dicke, ist tot. Die Alte lebt aber noch und sitzt hinter den Fenstern, die Aussicht auf den Kumpen, wo ich sie schon gesehn habe, wie ich in die Schule gelaufen bin, mit ihrer hohen weißen Schippenkappe. Sie und ihr Sohn sollen mit Essen und Trinken alles durchgebracht haben und es soll ihnen schlimm gehen. Wie ich das letztemal in Steinau war, kam ich von Frankfurt dorthin. Da stand noch das Tor am Steinweg[30] und am Amthaus.[31] Während meines Dortseins wurden sie abgebrochen. Diesmal kamen wir von Fuld dem Brückentor hinein. Es war noch alles wie sonst. Und während wir dort sind, wird an dem Tor auch angefangen abzubrechen. Und wie wir wieder wegfuhren, mußten die Leute aufhören, damit wir noch durchfahren konnten.

Die 3 Tage, die wir bleiben wollten, wurden zu 14 Tagen. Die liebe Marie war entzückt von allem. Sie war sehr heiter und wohl und sagte: „Das waren 14 schöne Tage! Die Pfarrleute sind liebenswürdig und so natürlich. Ich wollte, wir hätten sie in Cassel zu unserem Umgang." Wir fuhren endlich mit einem Wagen von A. Hufnagel wieder unter Versicherung baldigen Wiederkommens nach Fulda. In Schlüchtern ließ ich halten, um den Sohn und die Tochter Elisabeth (nur Lieschen genannt) vom seligen Präzeptor Zinckhan zu sehn. Ersterer ist dort bei der Schule als Gesangslehrer angestellt. Er war ein Mann in seinen besten Jahren, war schön an Körper und Gesichtsausdruck und soll ein geschickter Musiker sein. Seine Schwester ist an einen Glasermeister[32] verheuratet. Ich suchte sie auf. Sie erkannte mich freilich nicht, wir hatten uns als Kinder zuletzt gesehn, und als ich ihr meinen Namen sagte, sagte sie ganz erstaunt und lebhaft: „Ach Gott, was macht mein liebes Lottchen? Nun hör ich doch endlich wieder einmal etwas von meiner lieben Freundin. Hat sie mich nicht vergessen?" – „Nein", versicherte ich sie, „ich soll Ihnen viele herzliche Grüße sagen, und sowie sie in die Gegend käme, würde sie Sie besuchen." Sie frug, ob ich allein hier sei. „Mit meiner Frau", sagte ich. „Die muß ich sehen, kommen Sie, führen Sie mich zu ihr." Wir gingen nun mit ihr in die Kirche und an das alte Stickels Schlößchen. Sie mußte uns von ihrem Vater erzählen, und das war auch wieder eine schöne Stunde alter Jugenderinnerungen.

Das Lieschen oder Ewelieschen hörte garnicht auf, nach seiner lieben Freundin, dem Lottchen, zu fragen. Wir sollten bei ihm zum Essen bleiben, oder ein paar Tage. Es brachte sein Gesangbuch. Da lag ein Neujahrswunsch von der Lotte darin vom Jahr 1799, wo die Mutter darauf geschrieben hatte: An meine liebe Freundin von ihrer Freundin C. A. Grimm. Ich wäre gern noch ins Stikelsschlößchen gegangen, aber es war entsetzlich schmutzig und die Marie zu müd. 1 1/2 Stunden über Schlüchtern hört der schöne Kinziggrund auf und die Gegend war auf einmal verschwunden.

---

30 Niedertor.
31 Ober- (Mittel-)tor.
32 Hufnagel.

Station in Steinau
(1850)

In den ersten Tagen [des] Juni entschlossen wir uns, nach Steinau
zu gehn, wo ich vieles verändert fand, das heißt nur vor dem Tor,
wo wir wohnten. Auch ist der Biengarten viel wüster geworden.
Das ist natürlich, weil 3 oder 4 teil daran haben. Auch die große
bekannte Laube in der Mitte ist weg. Die große Linde ist noch da
mit vielen alten bekannten Obstbäumen und im Gras stehn und
blühen noch die 1000 Blumen, wie bei der lieben Mutter Zeit. So
ist auch noch die Mauerwiese mit Butterblumen und dem
Storch. Im Amthaus zeigte ich den Dorothechen[33] (welches die
Reise mitgemacht hat) die Gartenstube, wo die gute Lotte getauft wurde, und der Herr Amtmann Mühlhausen und Frau (eine geborne Duperé, die ich 30 Jahre nicht wieder gesehn hatte)
zeigten uns sehr freundlich alle mir noch bekannten Zimmer
und wir sahen uns die Aussicht, Hof, Hausgarten und alles genau an. Dann gingen wir in der Stadt herum, am Stadtborn,
Schloß, in die fatal verschönerte Kirche und zu Ekhard, dessen
Frau uns ein Steinauer Mittagsessen zurecht gemacht hatte. Er
begleitete uns in einem bessern Rock, wo wir hingingen. Gingen
wir in ein Haus, so trafen wir ihn wieder beim Weggehn, und
beim Essen blieb er neben uns sitzen. Gegenüber vom Ekhard
saß ein alter Mann vor der Türe und sonnte sich (es war sehr
warm Wetter). Er heißt Romeiser und sagte mir, er habe seiner
Tochter gesagt, ich müßte ein Herr Grimm sein. Der 82 [Jahre]
alte Mann erzählte mir vielerlei. Auch er sei beim Begräbnis des
Pfarr Grimm gewesen. Gottschalk besuchten wir zuletzt. Es
scheint ihm gut zu gehn. Ein Sohn ist in Geismar[34] Geometer
und einer Pappenarbeiter in Hanau und seine Tochter, ein 16 Jahr
altes ganz hübsches Mädchen, spielte Clavier, viel besser wie der
Alte, der mir Zinckhansches Tafelconfect vorspielen mußte. Er
sagte nachher ganz ernsthaft: „Meiner Tochter Mathilde Voll-

Ursula Weis.
Handzeichnung.
1827

kommenheit hat sie eigentlich einer von mir ihr erteilten classischen Grundlage zu verdanken. "Er wohnt dem Eckbäcker[35] gegenüber, nicht weit von unserm Haus, wo wir zuletzt wohnten. Der gute Gottschalk verfolgte uns mit einem Kaffee, den wir bei ihm trinken sollten, bis in den Wagen. Es ist mir aber doch lieb, daß ich Steinau noch einmal im Leben gesehn habe…

33 Dorothea Hassenpflug.
34 Hofgeismar.
35 Spitzname, abgeleitet von der Lage des Hauses.

Worterklärungen

altdeutscher Rock: enggeschnittener, bis zu den Knien reichender, schwarzer Überrock
Amtsphysikus: Amtsarzt
belesen: verlesen, aussortieren
Biskuit: Keks, Zwieback
Camisol: kurzgeschnittene Jacke
carmosinrot: dunkles, blaustichiges Rot
Cattun: Baumwollgewebe
Chagon: Jabot, Hemdkrause, Halstuch
Compliment: Verbeugung mit Kratzfuß
Drehhals: Spechtart (Wendehals)
Dreimaster: Hut mit dreieckig aufgeklappter Krempe
Epauletten: mit Tressen oder Stickereien verzierte Schulterstücke
Foliant: großformatiges Buch
Geometer: Landvermesser
Granatbaum: Granatapfelbaum (Mittelmeer-Raum)
gravitätisch: würdevoll, feierlich
Gummigutti: Gummiharz, gelbe Wasserfarbe bzw. Tusche
Hausehren: Hausflur, -diele
in Wurf kommen: in die Nähe kommen
Justizamtmann: Verwaltungsbeamter, zugl. Richter
Kanapee: Sofa, gepolstertes Ruhebett
Kanonenstiefel: hohe, bis über die Knie reichende (Stulpen-)Stiefel
Kantschu: kurze, aus Riemen geflochtene Peitsche
kikern: kichern
Kimmel: Kümmel
Livree: Dieneruniform
logieren: als Gast wohnen
Lyzeum: höhere Schule, svw: Gymnasium
Manchester: samtartiges, geripptes Gewebe
Ökonom: Bauer, Gutspächter
Palisaden: Neujahrsgebäck, verzierte Gebildbrote

Perspectiv: Fernrohr
Pinsen: Binsen
ponceaurot: Mohnrot
Präzeptor: Schulmeister; Kantor
Promenade: Spaziergang
Remise: Wagenschuppen; Scheune
Rotmäntel: Infanterie-Soldaten des Oguliner oder Sluiner
    Regiments der kaiserlichen Armee
Saffian: Ziegenleder
Seidenhasen: Angorakaninchen
Silhouetten: Scherenschnitte, auch als schwarze Schattenrisse
    gezeichnete Bilder
Sorgenstuhl: Lehnstuhl, -sessel
Spanisches Rohr: Spazierstock aus Bambusrohr
Stuckarbeit: Gipsornament
Weißzeug: hier: Oberhemd; sonst auch: Unterwäsche
Welscher Hahn: Truthahn, Puter
Werg: kurzfaserige Flachsreste, Putzwolle

Personenverzeichnis

Amend, Johann Peter (1751-1832?); Schreiner in Steinau. Gärtner der Familie Grimm

Amend, Katharina (geb. 1797)

Amend, Margarete; Kindermädchen der Familie Grimm

Amend, geb. Zeller, Maria Elisabeth (Lies) (1776-1845)

Amend, (Frau); Frau von Johann Peter Amend

Arnold, Karl Heinrich (1793-1874); Maler, Lithograph

Baist, geb. Lotzenius, Anna Dorothea (gest. 1839)

Baist, Johann Adam (gest. 1816); Wirt im Gasthof „Zur Krone" in Steinau

Balde, Daniel (gest. 1850); Forstassessor in Hanau, Steinau und Marburg

Balde, (Frau); Frau von Daniel Balde

Balde, (Frau); Mutter von Daniel Balde

Bauscher, Jonas (1726-1800); Reformierter Pfarrer in Steinau

Blum, Karl Ludwig (1796-1869); Bibliothekskustos in Berlin, später Professor in Dorpat

Bode, Adolf (1790-1851); Advokat in Steinau, später Amtmann in Neustadt/Kirchhain

Bode, Johann Georg; Rentmeister in Steinau und Schlüchtern

Bormann, Stephan OSB (1765-1833); Pfarrer in Lämmerspiel

Brentano La Roche, Georg (1775-1851); Kaufmann in Frankfurt/M., Freund und Förderer von L.E. Grimm

Büff, Wilhelm Ulrich (1781-1822); Amtmann in Steinau

Bury, Isaac Pierre (1782-1851); Bijoutier und Juwelier in Hanau

Buttlar, (Herr) v.; fürstl. isenburg-birstein. Regierungsrat und Kammerherr

Corregio, Antonio Allegri (1489-1534); Maler

Denhard, (Familie)

Denhard, Jakob (1780-1813)

Denhard, Johann Adam (1731-1805); Fronschreiber (Steuereinnehmer) in Steinau

Denhard, Sophie

Denhard, Wilhelm (1788-1866); Fronschreiber in Steinau, später Steuereinnehmer in Wanfried

Dupré, (Familie)

Dupré, geb. Leisler, Charlotte (1768-1843)

Dupré, Cornelia (geb. um 1802)

Dupré, Peter (1762-1848); Kaufmann in Soden

Dupré, Wilhelmine (geb. um 1800)

Dyck, Anthonis van (1599-1641); Maler

Eckhardt, Johann Heinrich; 1815 Gastwirt in Steinau im Gasthof „Zum Weißen Roß"

Eckhardt, (Frau)

Freund, Johann Nikolaus (1751-1833); Pfarrer in Rüdigheim und Wachenbuchen

Gerland; 1815 Pächter der Domäne Hundsrück in Steinau

Göbel, (Familie)

Göbel, Maria (geb. 1800)

Göbel, Peter; 1805-15 Pächter der Domäne Viehhof in Steinau

Goethe, Johann Wolfgang v. (1749-1832); Dichter, Staatsmann

Gottschalk, Georg (um 1785-1854); Arzt und Amtschirurg in Steinau

Gottschalk, Mathilde (geb. um 1834)

Gottschalk, Wilhelm (geb. 1816); Geometer in Hofgeismar

Gottschalk; Buchbinder und Papparbeiter in Hanau

Grimm, Carl Friedrich (1787-1852); Kaufmann und Sprachlehrer in Hamburg und Kassel. Bruder von L.E. Grimm

Grimm, Charlotte Amalie (Lotte) (1793-1833); 1822 vermählt mit Ludwig Hassenpflug. Schwester von L.E. Grimm

Grimm, geb. Heilmann, Christiane (1715-1754); 1734 verm. mit Friedrich Grimm, ref. Pfarrer in Steinau. Tochter des Hofgerichts-rats Johann Peter H. in Steinau. Großmutter von L.E. Grimm

Grimm, geb. Zimmer, Dorothea (1755-1808); 1783 vermählt mit Philipp Wilhelm Grimm. Mutter von L.E. Grimm

Grimm, Ferdinand (1788-1844); Verlagslektor und Korrektor in Berlin; später Zeitungskorrespondent in Wolfenbüttel. Bruder von L.E. Grimm

Grimm, Friedrich (1707-1777); Pfarrer in Steinau

Grimm, Friedrich (-   ); Bruder von L.E. Grimm

Grimm, Jacob (1785-1863); Jurist, Germanist, Bruder von L.E. Grimm

Grimm, geb. Böttner, Marie (1803-1842); Tochter des Kasseler Hof-malers Wilhelm Böttner. 1832 vermählt mit L.E. Grimm

Grimm, Philipp Wilhelm (1751-1796); Hofgerichtadvokat, später Stadtschreiber der Altstadt Hanau, zugl. Landschreiber des Amtes Bücherthal, dann Amtmann in Steinau und Schlüchtern. Vater von L.E. Grimm

Grimm, Wilhelm (1786-1859); Jurist, Germanist. Bruder von L.E. Grimm

Haacke, Louis Baron v. (1743-1822); fürstl. isenburg-birstein. Oberstallmeister

Hassenpflug, Dorothea (1833-1898); Tochter von Charlotte Hassenpflug, geb. Grimm. Nichte von L.E. Grimm

Heid, geb. Nagel, Anna Margarete (Marie) (1761-vor 1815); Dienstmädchen der Familie Grimm

Heid, Johannes; Töpfer in Steinau

Heiliger, (Frau); Dienstmädchen der Familie Grimm in Steinau

Henschel, Werner (1782-1850); Bildhauer. Freund von L.E. Grimm

Höne, Johann Philipp (1739-1818); Pfarrer in Hochstadt

Höne, geb. Zimmer, Johann Ludowika (1750-1814); 1774 vermählt mit Johann Philipp H.

Hufnagel; Wirt im Gasthof „Zum Ochsen" in Steinau. Vater von Andreas H.

Hufnagel, Andreas (1790-1861); Wirt im Gasthof „Zum Ochsen" in Steinau

Hufnagel, geb. Zinckhan, Eva Elisabeth (Ewelies)

Hufnagel; 1832 Glasermeister in Schlüchtern

Hutten, (Familie) v.

Isenburg-Birstein, geb. Gräfin zu Erbach-Erbach, Charlotte Fürstin v. (1777-1846)

Isenburg-Birstein, Karl (3.) Fürst v. (1766-1820)

Isenburg-Birstein, Viktor Alexander Prinz v. (1802-1843)

Isenburg-Birstein, Viktoria Prinzessin v. (1796-1837)

Isenburg-Birstein, Wolfgang Ernst Erbprinz v. (1798-1866)

Isenburg-Wächtersbach, Caroline Gräfin v. (1796-1858)

Klein, (gest. vor 1832); Hutmacher in Steinau

Klein, (Familie)

Köhler, Friedrich (1769-1811); Postmeister in Schlüchtern

Läuthannes

Leonhard (Leonardi), Karl Caesar v. (1779-1862); Mineraloge; Steuerassessor in Hanau, später Professor in München und Heidelberg

Lies s. Amend, Maria Elisabeth

Löb, Mordechai (Moritz; 1745-1817); Händler in Schlüchtern.
    Spitzname: Preußje
Marie s. Heid
Meisterlin, Karl (gest. 1814); Hofgerichtssekretär in Hanau
Menge, Johannes (1787-1852); Mineraloge,
    Forschungsreisender
Menge, Nikolaus; Stellmacher und Schweinehirt in Steinau
Möller, Konrad Georg; Stadt- und Amtsschreiber (Amtsassessor) in
    Steinau
Möller, Philipp (1788-1854); Goldarbeiter in Gelnhausen
Mühlhausen, Georg; 1832/50 Amtmann in Steinau
Mühlhausen, geb. Dupré, Wilhelmine
Müller, Johannes (1749-1822); Kutscher u. Hausknecht in
    Steinau
Müller, Konrad Bernhard; Oberförster in Steinau
Österreich, Karl Erzherzog v. (1771-1847)
Pauli, Jakob (1791-1861); Pfarrer in Elm, Schlüchtern, Nauheim und
    Hochstadt; zuletzt Metropolitan in Bergen
Pauli, Johannes; Stadtrentmeister in Steinau und Schlüchtern
Poppelmann, geb. Nieß, Auguste Louise (1758-1833)
Poppelmann, Friedrich Christian (1765-1853); Fürstl. isenburg-
    birstein. Archivrat; Verwandter von L.E. Grimm
Raffael Santi (1483-1520); Maler
Romeiser, (Familie)
Rose, (Familie)
Rose, Christian (1718-1786); niederländ. Kolonialbeamter
Rose, geb. Denhard, Sophie Friederika
Rose, Valentin Wilhelm; um 1800 Gutspächter auf dem Hundsrück
    bei Steinau
Sanner, geb. Vogel, Christiane (1776-1837)
Sanner, Sebastian Valentin (1770-1835); Pfarrer in Schlüchtern und
    Steinau
Savigny, (Familie) v.
Schlegel, (Herr)
Schlemmer, (Familie)
Schlemmer, Cornelia Angelika
Schlemmer, Franz Bernhard (1740-1817); Pfarrer in Schwarzenborn,
    Gundhelm und Steinau. Seine Mutter war eine Verwandte von
    Jakob Schlemmer, dem früh verstorbenen Mann von L.E.
    Grimms Tante Juliane
Schlemmer, (Fräulein)

Schlemmer, geb. Grimm, Juliane (1735-1796); 1771 verm. mit dem Kammerschreiber Jakob Schlemmer. Schwester von Philipp Wilhelm Grimm

Seger; Kandidat

Solomé, geb. Poppelmann, Henriette Friederike (geb. 1793); Verwandte von L.E. Grimm

Solomé, Joseph Anton; Gymnasiallehrer in Frankfurt/M.

Stein, Leopold (1782-1836); Pelzhändler in Frankfurt/M.

Steinmüller, Georg Friedrich (1790-1864); Premierleutnant im kurhess. Garde-Grenadier-Regiment

Stickel, (Familie)

Stickel, Johann Elias (gest. vor 1815); herrschaftlicher Forstaufseher in Schlüchtern

Stickel, geb. Walter, Elisabeth Magdalena (gest. 1848)

Stickel, Karoline (gest. 1880); nicht verm. Tochter von Wilhelm St.

Stickel, Rosina (gest. vor 1815)

Stickel, Wilhelm (1770-1810); Salzverwalter in Schlüchtern

Stickel; Frau von Johann Elias Stickel (gest. vor 1815)

Strauß, Jochil (gest. vor 1815); Händler in Schlüchtern

Tiziano Vecellio (1490?-1576); Maler

Velt, (Familie)

Velt (Feld), Nikolaus (Kläschen, Eulerchen) (1789-1863); Töpfer in Steinau

Vernet, Horace (1789-1863); Maler und Lithograph

Vömel, Friederike (1831-1912)

Vömel, Gottfried (1832-1852)

Vömel, Karl Wilhelm (1796-1879); Dr. phil., Pfarrer in Steinau und Eichen

Vömel, geb. Stein, Maria (1806-1853)

Wagner, Konrad Bernhard (1743-1821); Dr. med., Stadtchirurg in Steinau

Weitzel, Johann Georg; Rentmeister in Steinau

Weitzel, Johanna

Zehner, (Herr); 1832 Lehrer in Steinau

Zimmer, geb. Boppo, Anna Elisabeth (1718-1792); 1740 verm. mit Johann Hermann Zimmer. Großmutter von L.E. Grimm

Zimmer, Henriette Philippine (1748-1815); Erste Kammerfrau der Kurfürstin Karoline v. Hessen-Kassel

Zimmer, Johann Hermann (1709-1798); Kanzleirat in Hanau. Großvater von L.E. Grimm

Zimmer, Johanna Margarete (1742-1800)

Zinckhan, geb. Klöber, Anna Gertrude (1768-1814)
Zinckhan, geb. Stickel, Friederike (gest. 1828)
Zinckhan, Heinrich; Schreiner in Schlüchtern
Zinckhan, Johann Georg (1739-1814); Präzeptor der ref. Stadtschule
in Steinau
Zinckhan, geb. Stickel, Marie (gest. 1876)
Zinckhan, Wilhelm (1798-1864); Lehrer in Bieber, später Seminar-
lehrer in Schlüchtern

Ortsverzeichnis

Literaturverzeichnis

Die hier aufgeführten Quellen und Darstellungen können als wichtige grundlegende und weiterführende Veröffentlichungen gelten. Eine umfassendere Bibliographie zur Person Ludwig Emil Grimms bietet der Kasseler Ausstellungskatalog (Bd. 2, 1985), Vollständigkeit strebt das Verzeichnis der Quellen und Darstellungen in der textkritischen Ausgabe der Briefe des Künstlers (1985) an.

Grimm, Ludwig Emil: Erinnerungen aus meinem Leben. Hrsg. u. erg. von Adolf Stoll. Leipzig 1911. 2. Aufl. Kassel 1913.

Grimm, Ludwig Emil: Erinnerungen aus meinem Leben. Hrsg. von Wilhelm Praesent. Kassel u. Basel 1950.

Grimm, Ludwig Emil: Erinnerungen aus meinem Leben. Textkritische Neuausgabe mit Kommentar von Egbert Koolman (in Vorbereitung).

Grimm, Ludwig Emil: Briefe. Hrsg. u. komm. von Egbert Koolman. 2 Bde. Marburg 1985. (Schriften der Brüder Grimm-Gesellschaft Kassel e.V. 12, 1-2.)

Stoll, Adolf: Verzeichnis von Ludwig Emil Grimms Werk; in: L.E. Grimm: Erinnerungen, 1913, S. 599-627. Nachträge u. Zusätze von Eberhard Preime in: Die Graphischen Künste, N.F. 7, 1942/43, S. 50-62.

Ludwig Emil Grimm. Zeichnungen und Gemälde. Werkverzeichnis. Bearb. von Ingrid Koszinowski u. Vera Leuschner. 2 Bde. Marburg 1990. (Quellen zur Brüder Grimm-Forschung. 3, 1-2.)

Freund, Gerhard: Ludwig Emil Grimm. Maler und Radierer des 19. Jahrhunderts. Druckgraphisches Werk. Steinau 1990.

Ludwig Emil Grimm 1790-1863. Handzeichnungen, Ölbilder, Aquarelle und ausgewählte Radierungen aus dem Historischen Museum Hanau. Katalog der Ausstellung. Bearb.: Hans Vogel. Hanau 1963.

200 Jahre Brüder Grimm. Ausstellungskataloge. Kassel, (3,2:) Marburg 1985-89.

1. Dieter Hennig u. Bernhard Lauer: Die Brüder Grimm. Dokumente ihres Lebens und Wirkens.
2. Ingrid Koszinowski u. Vera Leuschner: Ludwig Emil Grimm 1790-1863. Maler, Zeichner, Radierer.
3,1. Hans-Bernd Harder u. Ekkehard Kaufmann: Die Brüder Grimm in ihrer amtlichen und politischen Tätigkeit. Ausstellungskatalog.
3,2. Hans-Bernd Harder, Dieter Hennig, u. Bernhard Lauer: Die Brüder Grimm in ihrer amtlichen und politischen Tätigkeit. Aufsätze, Werkverzeichnis, Genealogie, Register.

Biehn, Heinz: Ludwig Emil Grimm (1790-1863). Maler und Radierer; in: Lebensbilder aus Kurhessen und Waldeck, 4, 1950, S. 106-121.

Bott, Heinrich: Die Vorfahren der Brüder Grimm im Hanauer Land; in: Brüder Grimm-Gedenken, 1, 1963, S. 23-47.

Brüder Grimm-Gedenken. Hrsg. von Ludwig Denecke. Bd. 1-8, Marburg 1963-88 (nebst) Sonder-Bd 1988. (Schriften der Brüder Grimm-Gesellschaft Kassel e.V.; 1-2 zugl. Hessische Blätter für Volkskunde.)

Brüder Grimm-Museum Kassel. Katalog der Ausstellung im Palais Bellevue. Verf.: Dieter Hennig. Kassel 1973. (Kasseler Quellen und Studien. 4.)

Denecke, Ludwig, u. Karl Schulte Kemminghausen: Die Brüder Grimm in Bildern ihrer Zeit. 2., verb. u. verm. Aufl. Kassel 1980. (Kasseler Quellen und Studien. 1.)

Denecke, Ludwig: Jacob Grimm und sein Bruder Wilhelm. Stuttgart 1971. (Sammlung Metzler. 100.)

Graepler, Carl: Louis, der jüngste der Brüder. Graphik von Ludwig Emil Grimm 1790-1863. Ein Album. Marburg 1985.

Höck, Alfred: Ludwig Emil Grimm. Bilder aus Hessen. Kassel 1970. (Kasseler Quellen und Studien. Kl. Reihe. 2.; zugl. Drucke der Arche. 49.)

Koolman, Egbert: Ludwig Emil Grimm. Aspekte seiner Biographie nach den Briefen und Lebenserinnerungen; in: 200 Jahre Brüder Grimm. Ausstellungskataloge, 2, 1985, S. 15-43.

Praesent, Wilhelm: Aus dem Kinderland der Brüder Grimm; in: Unsere Heimat, 27, 1934/35, S. 165-190.

Praesent, Wilhelm: Märchenhaus des deutschen Volkes. Aus der Kinderzeit der Brüder Grimm. Kassel 1957.

Praesent, Wilhelm: Im Hintergrund Steinau. Kleine Beiträge zur Familiengeschichte der Brüder Grimm; in: Brüder Grimm-Gedenken, 1, 1963, S. 49-66.

Praesent, Wilhelm: Der letzte Wille des Malers Ludwig Emil Grimm; in: Hessische Heimat, 13, 1963, H. 4/5, S. 6-9.

Suschke, Lieselotte: Stammtafel der Familie Zimmer, Stammtafel der Familie Grimm; in: 200 Jahre Brüder Grimm. Ausstellungskataloge, 3,2, 1989.

Alle abgebildeten Zeichnungen wurden vom Historischen Museum Hanau zur Verfügung gestellt. Das Original der Handzeichnung auf S. 83 ist verbrannt.